大夏书系·幼儿教育

幼儿园管理的50个典型案例

程凤春◎主编

华东师范大学出版社

全国百佳图书出版单位

目录 Contents

1

三、人力资源管理

六、**家园关系**

编者的话

智慧、情怀和勇气

两年前，我从多年积累的二百多个中小学管理案例中精选出 50 篇，配上案例分析，编写了《学校管理的 50 个典型案例》一书。没想到该书出版后销售情况非常好，不断重印。这样的结果鼓励我和出版社再度合作，编写一本关于幼儿园管理的书，于是就有了这本《幼儿园管理的 50 个典型案例》。

为什么一本理论程度并不高、传递的理论知识也不够系统的案例分析集能够如此畅销？在我看来是因为它暗合了管理成功的三个要件：管理的智慧、情怀和勇气。

管理既是一门科学，也是一门艺术。要想做好管理工作，首先要有管理的智慧，包括智商和情商。智商决定了管理者的分析力、判断力和表达力，这是管理者处理纷繁复杂的事物所必需的。情商反映的是管理者在协调人际关系、处理人际冲突、与人交往以及自我调控等方面的能力。相对于智商，管理者的情商对实际管理工作更加重要。

管理者的智慧决定着管理成功的速度，但是仅仅有智慧是不够的，还需要有管理的情怀，包括宽阔的视野和高尚的情操。情怀决定着管理成功的方向和质量。

管理成功的第三个要素是勇气，包括做决策的勇气、承担责任的勇气以及行动的勇气。如果说，管理的智慧决定着管理成功的速度，情怀决定着成功的方向和质量，勇气则决定着管理成功的高度。

每个案例都是一个现实问题的再现，研读案例会让你积累和熟悉更多的管理情景、困境以及问题的解决办法。当遇到类似问题时，就会少一些惊慌失措，多一种处理问题的办法，多一分从容和直面问题的勇气。

通过研读案例，可以对案例涉及的命题进行思考，对案例中的问题进行解释和原因分析，对问题的解决方案进行推理和分析，对案例的成功之处进行总结，对失败的教训进行总结。对同一个问题还可以从不同的环境、不同的身份、不同的理论出发进行分析，如果是一个优质幼儿园该如何做？如果是一个普通幼儿园该如何做？如果是一个新幼儿园又该如何做？如果你是园长该如何对待？如果你是中层干部该如何对待？如果你是普通教师又会如何反应？按照科层管理理论如何处理？按照人本管理理论如何处理？按照学习型组织理论又该如何处理？这样就可以增强自己的管理智慧。

分析案例可以明了案例中管理实践成功的经验和失败的教训，感悟案例中人物的情怀和勇气，学会面对纷繁复杂的情况如何去思考，如何做决策，进而锻炼分析能力、判断能力以及进行决断的勇气。

本书共选编了 50 个案例，对于这些案例，我们按照办园理念与发展规划、用权与用干部、人力资源管理、教育与教学管理、安全与危机管理、家园关系等进行了归类。但是必须看到，许多案例内容是非常丰富的，有些案例甚至是综合的，并不仅仅是发展问题、用权问题、人事问题、教学管理问题或安全问题，之所以做这样的归类，主要是依据成书编排结构化的需要，再结合我们对案例主要特征的理解。我们希望读者在使用这些案例时不受书中分类的限制，做更广泛、更全面的分析，反复体会案例及案例分析所表达出来的管理智慧、情怀和勇气。

对于每个案例，我们都提出了一些需要思考的问题，并结合这些问题对案例进行了分析、给出了部分解答。但是这些都只是引玉之砖，我们希望使用者能够多视角地提出更多问题，以便引发更深入的思考。我们希望读者能够关注案例中各人物的管理智慧、情怀和勇气，关注案例分析所传递的管理智慧、情怀和勇气，并尝试着用自己的管理智慧、情怀和勇气去理解和解决案例中的各种问题。

本书的绝大多数案例是在一线教育工作者提供原始素材的基础上加工而成的。这里，我们要对他们的劳动表示尊敬和感谢。考虑到既要尊重他们的劳动成果，又要保护他们的隐私，书中只给出了他们的姓名，而没有呈现他们的单位信息。还有些案例，无法查找到原始信息，所以没有标注。

本书的编写人员包括程凤春、瞿玥涵、卫喆，以及北京师范大学教育学部2010级部分研究生。案例的筛选、整理和完善由程凤春、卫喆完成，案例分析初稿由北师大教育学部2010级部分研究生完成，文稿的修改和完善由程凤春和瞿玥涵完成，最后的统稿由程凤春和瞿玥涵完成。本书作者要特别感谢华东师大出版社的编辑任红瑚女士，该选题是她首先提出的，在编写过程中更是不断提出有见地的建议，并对完稿时间的一再推延给予充分的理解。

程凤春

2011年10月

1

1. 一次招聘危机

 案例

某幼儿园在 QQ 群上公布了一则招聘启事：本园亲子班因教学需要，现招聘教师 20 名，要求幼儿教育相关专业毕业，具有幼儿园教师资格，口齿伶俐，吃苦耐劳，对孩子有爱心，热爱幼儿教育工作，有 2 年及以上亲子班教学经验的老师优先考虑。有意者请与李老师联系，欢迎本园教师应聘。

自启事公布之后，一连几天过去了，没有一个人前来应聘。幼儿园保教主任李老师犯愁了。是大家没看见公告吗？不可能。是招聘要求过高吗？也不对，硬件条件老师们都符合。到底是什么原因导致老师们都不愿应聘呢？李老师决定深入群众体察民情，了解这次"招聘危机"的真实原因。

李老师找到平日交情较好的盛老师聊起了家常："招聘启事你看到了吗？""当然看到了。""那你怎么不来应聘呢？""还不是因为我女儿，平时都是我妈带的，好不容易有个休息日，也该让她休息一下了。"原来是因为家庭原因，没时间参与。

可那些没结婚生孩子的年轻教师为什么也不来应聘呢？李老师又找来了有 3 年亲子班教学经验的小杨老师，了解她的个人近况后，李老师切入主题："你在亲子教学方面已经积累了许多经验，来应聘这次的亲子班教师吧。"小杨老师面露难色地说："我也想来应聘，可我周六要去本科班学习，没办法呀。"此后，李老师又用相同的办法"采访"了其他 6 位老师。

经过总结，李老师发现教师们不来应聘的原因大致如下：一是来自家庭的困难，如要照顾孩子、老人等；二是个人原因，如自学本科、与朋友约会等；三是时间不足，亲子班的工作得占用下班时间来完成准备工作，大部分老师完成日常工作都要利用私人时间，亲子班在时间安排上确实让人为难；四是薪酬和配套制度缺乏吸引力。深入了解后，李老师陷入了思考：采取怎样的策略才能渡过迫在眉睫的"招聘危机"呢？

第二天，幼儿园 QQ 群公布了一则新的招聘启事：亲子班需要你的加盟，只要你具有一颗热爱孩子的心，愿意为更多家庭带去最新育儿观念。如果你是一位有宝宝的老师，可以在亲子班享受宝宝免费参与活动的优惠；如果你是一位年轻老师，可以享受每年 2 次以上的外出培训机会，职称评定等优先考虑，提前掌握婴儿的教养方法，免费参加婴儿教养方法的教研活动，借阅最新育儿书刊等；另外，你还可以有自选授课时间、对象的权利，薪酬以时薪计，续聘人员享受期终一次性奖励。欢迎加入这个大家庭！

这则启事公布没多久，李老师的电话就没间断过，有询问借阅书刊手续的，有询问授课时间的，有询问培训计划的……仅用了一个下午就顺利完成了招聘。

（案例编写：孙雪莲）

 思考题

1. 两次招聘启事的内容有何不同？
2. 第一次招聘失败以及第二次招聘成功的原因分别是什么？
3. 还可以采取哪些优惠措施鼓励老师们应聘亲子班岗位？
4. 如何评价李老师"体察民情"的工作方法？

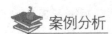 案例分析

案例中，第一次招聘活动失败之后，李老师改变了招聘启事的内容，收到了很好的效果。这种改变并不仅仅是形式上的变化，成功的深层次原因在于管理者具有科学的办学理念：民主管理，关心教师。

1. 从员工实际情况出发制定管理对策

幼儿园的办学活动是由管理者与教师共同完成的，因此，教师完成工作任务的质量直接决定了幼儿园办学效益的好坏。如果管理者一味追求学校的

办学效益而忽视教师的实际情况，则会导致管理的失效。案例中，第一次的招聘启事没有考虑到教师的实际情况，只是从对教师资质的要求出发制定了一些限制性条件，因而效果欠佳。

在实践过程中，学校管理者应当坚持"目标管理"的办学理念。目标管理的原则是"以组织的总目标为中心，调动被管理者的能动性，从而有效地完成组织任务"，组织的目标最终是通过员工的行动得以实现的，因此人是管理的核心。关心员工的实际情况、调动员工的积极性是管理活动的重要出发点。

案例中，李老师发现第一次招聘失败之后决定"体察民情"，从教师们的实际情况入手找原因。她通过"聊家常"的方式与教师们沟通，先后采访了8位老师，将她们不愿意应聘亲子班教师的原因归为四类，并基于这一调研结果采取了相应的对策。从李老师"深入群众"的行为可以看出她关心员工的个人情况，并有意识地依据员工的实际情况改变管理对策。

2. 将教学任务与教师的个人发展相结合

在幼儿园的办学活动中，教师所承担的教学任务与其职业发展、个人发展并不是相互对立的。教师在课堂教学、教育科研的过程中，自身的综合能力能够得到提高；同时，当教师获得了较为充分的个人发展时，其教学任务也能更为圆满地完成。案例中，第一次招聘启事单纯从教学任务的角度出发，规定了一系列对教师资质的要求，但并没有指明教师能够从这一岗位中获得哪些提升，割裂了教学任务与教师个人发展的关系，给教师施加"义务"而未指明其"权利"，导致教师们认为任教亲子班是一种负担而不愿应聘。

目标管理理论认为：领导者在确定组织的任务目标时，要注意使组织的任务目标成为把组织成员连接在一起的力量，同时，这也是成员实现自身发展的基础。因此，管理者应当将组织发展目标与成员个人目标结合起来。

第二则招聘启事列举了担任亲子班教师的诸多好处，如可以享受每年2次以上的外出培训机会，能够掌握更多的婴儿教育方法等等。老师们看到这样一则启事时就会明白，担任亲子班教师将会为自己的专业发展带来很大提升，而不是一种负担。

3. 采取必要的激励措施

在幼儿园里，教师是最主要的人力资源。从办学理念的角度看，最大限度地发挥教师作为"教学资源"的功能是提高学校办学效益的基本思路。科学的人力资源管理理念要求学校管理者采用适当的激励措施，如表扬、加薪、晋升，促使教师们迸发出教学热情。

管理学提出了许多激励措施，如：认清个体差异、确保个体目标可达到、个别化奖励、奖励与绩效挂钩以及表达对员工的关怀。

李老师在第二则招聘启事中采取了以下激励措施：

（1）子女处于亲子班年龄段的教师，其子女可以免费入读亲子班。这一优惠体现了"认清个体差异"原则，对相关教师无疑具有很强的吸引力。此外，该措施还体现出管理者对员工的关怀，因为领导在制定决策时考虑到了教师的个人情况。

（2）年轻老师可以享受每年2次以上的外出培训机会，并且在职称评定等各类评优时优先考虑。这一激励措施体现了"目标可达性"原则，奖励的措施是具体、可期待的，只要老师们担任了亲子班的教师，便能享受相应待遇。

（3）亲子班教师可免费参加婴儿教养方法的教研活动，掌握婴儿教养方法，借阅最新育儿书刊。这一措施也体现了"目标可达性"原则。

（4）亲子班教师拥有自选授课时间、对象的权利。这一措施体现了"个别化奖励"的原则，给予了教师们较大的自主性，也提升了其工作积极性。

（5）薪酬以时薪计，续聘人员享受期终一次性奖励。这一措施体现了"奖励与绩效挂钩"原则，时薪制使得教师的薪酬具有可预见性，同时，将奖金与教师任务完成状况挂钩，也能够激发教师的工作热情。

（案例分析：余晖）

2. 获奖的启示

 案例

当 A 园为迎接省级示范幼儿园复查，进一步美化环境、准备资料正忙得不亦乐乎时，又接到了省教育厅、市教育局联合下文的"黄鹤美育节"竞赛通知。这让 A 园的领导犯了难：示范园复查是头等大事，但黄鹤美育节四年一次，机会也很难得，何况 A 园是全市第一家示范园，每次参加黄鹤美育节成绩都不错，如果放弃实在太可惜。

思考再三，A 园还是决定报名参赛，但园长、业务园长在这个非常时期都没有多余的精力再像以往一样设计教案、反复试教和手把手全程指导，就选派了一位曾经多次参加过此类竞赛、经验丰富且善于钻研的骨干教师负责，向她讲明情况，并且将活动目标定位在锻炼青年教师上，对奖次也没有提出过高要求，以免她在组织准备时心理负担过重。整个过程中，领导没有过多干预，但也不是放任不管，而是随时关注进展，及时帮助解决困难，并协助做好有关协调工作。

承担任务的老师觉得领导这样信任、尊重她，于是全心投入，指导一位年轻教师精心选材、试教、修改，结果在全市获一等奖，全省获二等奖。

（案例编写：梅松竹）

 思考题

1. 案例中体现了教育管理学中哪些相关理论？

2. 你是否同意幼儿园管理者的做法？为什么？

3. 案例体现出管理者哪些领导策略？

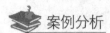 案例分析

　　教育管理激励就是在教育管理工作中激发和鼓励人们朝着所期望的目标采取行动的过程。教育是一个庞大的系统，教育管理活动涉及的人员众多、关系复杂，因而存在很多层次的教育管理激励行为。由于教师是管理领域至关重要的因素，是教育管理中的主体力量，既参与幼儿园的管理工作，又直接担负教学工作，其工作状态是衡量教育管理工作效果最重要的指标之一，因此探讨教师的激励问题尤为重要。只有充分调动教师的工作积极性，才能更好地培养孩子，建设优质幼儿园。

　　在教育管理中，激励有助于充分开发教职工的人力资源，有助于协调个人目标和组织目标，可以增强教育组织的凝聚力，能有效协调利益分配中的矛盾，能提高教育管理者的管理水平等。具体的教育管理激励模式有目标激励模式、利益激励模式、参与激励模式、情感激励模式和文化激励模式。

　　所谓目标激励就是通过引导员工设置可行并具有挑战性的目标，激发员工的成就欲望，从而调动员工的工作积极性。所谓利益激励就是通过承诺给予物质、经济、晋升等奖励，引导职工努力工作。但是必须注意，利益激励要以有效的利益分配机制为基础，不能随意许诺各种利益。所谓参与激励就是通过吸收员工参与学校的相关决策来满足员工的尊重需要，参与激励模式也包括通过授权进行激励，这种模式的本质是通过尊重和信任来调动员工的积极性。所谓情感激励是通过建立和利用与员工良好的情感关系来引导他们的工作积极性。中国有句古语"士为知己者死"，一定意义上讲的就是这个道理。

　　本案例中的园长自觉不自觉地运用了两种激励模式，即目标激励和参与激励。首先是让骨干教师参加这项重要的比赛，尽管园领导没有对奖次提出过高要求，但是由于有往年成绩作比较，实际上相当于定了一个富有挑战性的目标，但是由于这位教师曾多次参加过此项活动，取得较好的成绩也是可能的。其次是园领导将任务交给该教师后，同时给予她充分信任和授权，放手让其工作，也满足了该教师的尊重需要。

案例中园长的做法有利于幼儿园良好、长远的发展。他们充分激励优秀教师，给予其发挥特长、展示自我的机会，并能够设身处地地站在教师角度想问题，体会、了解教师的辛苦和顾虑，安慰教师拿不拿奖或者取得什么名次不重要；另外，园领导也给予教师充分的尊重，给予教师信心和发展空间，最终教师取得了全市第一名、全省第二名的好成绩。教师有自我实现的需要和成就需要，作为管理者就应该给予激励，以取得双赢的结果。

建设优秀的教师队伍是有效开展幼儿园工作、促进教育质量提高的重要手段。而建设优秀的教师队伍，必须注意调动各层次教师的积极性，给全体教师锻炼与参与的机会。

本案例中体现出诸多有效的领导策略：

1. 开发和有效利用人力资源

许多领导者经常忙得不可开交，事无巨细都亲自出马，选择做什么事情也往往仅从自己的能力和精力是否允许出发来考虑，结果是单位的发展非常受限。这种领导实质上是缺乏开放的人力资源观念，没有看到园内和园外还存在着大量的、可用的人力资源可以去开发和使用。该幼儿园领导虽然自己的时间和精力都集中在示范园检查上了，但是她们有开放的人力资源观念，通过充分挖掘校内人力资源，结果同时圆满完成了两项重要工作。

2. 有效的授权

所谓授权，就是领导者把所属权力按照规定和工作需要授予下级，从而给下级提供完成任务所必需的权限。分权管理是重要的领导策略。进行恰当的集权和分权，既可以减轻领导者的工作负担，使其从繁琐的事务中解脱出来，又能够有效地调动下属的积极性，锻炼其才干。有效授权不仅是运用权力的一部分，也是领导教职工的一个重要方式。

（案例分析：孙闻珊）

3. 改善师资，办高水平幼儿园

 案例

张老师 2000 年调到某地幼教办，负责管理所属的 60 多所幼儿园。这些幼儿园总体发展水平一般，于是加快当地幼教事业发展、办出一批高水平幼儿园这一课题就摆在了张老师面前。经过集体调研和讨论，最终确定了注重人才培养、改善幼教队伍结构的幼教事业发展方案。

具体做法：一是加大高学历高素质人才的引进力度。与多所院校联系，在院校推荐毕业生的基础上好中选优，优先招聘学历高、能力强、综合素质高的毕业生，从源头上保证引进教师的数量和质量。另外与院校签订长期合同，试点挂钩，允许应届生提前到园实习，缩短成长期。

二是创新在职培训方法，既注重学历又重视能力，注重教师的实践能力培养。如送教师到发展较快的幼儿园交流，设后勤园长、业务员和大班教师等岗位，分期分批学习先进的幼儿园管理和教学经验，同时鼓励教师通过参加函授、自学考试等方式提高学历，取得相关专业学历的教师可以报销学费，有条件的单位还可以给予一定奖励和补贴。

三是开展多项业务活动，注重挖掘现有人才资源。举办园长及骨干教师培训班，组织教师进行专业技能比赛、教育教学评优、教科研论文评比，定期开展送学帮教等活动，通过多种形式进行业务培训和技术练兵，为教师不断改革创新、提高自身素质搭建发展的平台。随着教师队伍专业化发展方案的不断落实，当地幼儿园获得了快速发展，多所幼儿园达到了当地示范园标准和一级一类水准。

（案例编写：吴嘉）

 思考题

1. 在幼儿园建设中，我们应该如何看待软件的建设？
2. 应该如何进行幼儿园教师的培养工作？
3. 在幼儿园建设中，如何正确看待幼儿园的保育工作及教育工作？

案例分析

当今，随着人们对幼儿教育的重视，在市场经济的带动下，出现了越来越多的幼儿园。这些新建的幼儿园大多以一流的教学设备吸引了不少家长的关注，诸多地区政府在幼儿园的评估工作中也把硬件设施是否达标看作考察重点。然而，案例中当地只有几所幼儿园能达到示范园标准，主要与园软件设施不足有很大关系。张老师结合幼儿园实际，成功抓住了管理的核心——人才培养，最终提升了多所幼儿园的整体教育水平。这一案例充分证明师资力量在幼儿园建设中的关键作用。

正所谓兴国靠教育，教育靠师资，教师才是教育的灵魂，是影响教育成败的关键。在幼儿园建设中，硬件设施是保证幼儿教育工作开展的物质基础，软件设施是幼儿园建设与发展的关键。软件设施包括幼儿教师的精神素质、教育理念、教育方法等多方面，这些都是直接影响幼儿身心发展的重要因素。教育的对象是幼儿，他们尚不具有行为能力，不可能分析、判断、选择自己所受的教育，因而教育者是否具备科学的育儿知识、是否以儿童健康成长为目的来设计并实施教育，对幼儿的成长至关重要。

通过以上分析，张老师采取的多种培养途径对于正确制定教职工培训计划不无启示。美国心理学家阿基里斯在其"成熟理论"中指出：人们从事任何职业，都要经过职业适应到职业成熟的发展过程，只有达到职业成熟阶段，才能主动地、富有创造性地工作。在幼儿园建设中，如何使教师顺利地从职业适应期过渡到职业成熟期，使其主动、富有创造性地工作，是教职工培训工作的目标。从该案例看，张老师实施的幼教事业发展方案获得成功的关键就在于方案的科学性。

1. 从实际出发，制定教师队伍培训发展规划

优秀幼师队伍的建设是一项长期的工作，要求管理者必须具备战略眼光，并从园实际及教职工队伍状况出发制定培训目标。张老师从接手管理开始，便从幼儿园的实际出发，通过集体决策、分析、调研，认识到师资问题是当前幼儿园发展的主要问题，从而制定出改善师资的具体方案。

2. 结合实际，有序地实施培养计划，有针对性地解决问题

张老师结合当地幼儿园的实际，制定了三大改善师资的计划。每一个计划的制定，无不针对解决实际问题展开。

首先，结合幼儿园教师力量薄弱、教师素质低的实际，从培养优秀师资力量做起。通过与相关师范院校联系，优先录取优秀幼教毕业生以充实教师队伍。通过签订合同，允许相关院校毕业生到园实习，培养新师资，缩短幼师适应期，使其尽快胜任幼儿教师的工作。

其次，基于在园新教师素质不高、幼儿教育意识薄弱的实际，采用创新培训方法，如加强幼儿园间教师交流、支持教师参加函授和学历考试等，既注重学历也重视实践能力的提高。

最后，针对现有教师教育观念落后等现象，采用多种培训办法，注重岗位培训，如开展骨干教师及园长培训班、教研活动、观摩活动、组织教师专业技能比赛等，在提高骨干教师专业技能的同时，再次激发他们教育的成就感，从而激发他们的教育热情。

另一方面，通过以上分析我们也可以发现，该地区幼儿园建设都是针对幼儿园的教师展开的，方案中并没有涉及幼儿保育员的培训工作，这显然不利于幼儿园的可持续发展。根据幼儿园保教结合的工作原则，幼儿园的发展不但体现在教育工作中，也体现在保育工作中。幼儿教育面对的是幼儿，他们尚不具备完全的生活自理能力，因此保育是幼儿园工作中必不可少的组成部分。从幼儿园的长远发展看，应该针对幼儿园的本质属性，开展各项保教层面的改善措施。

（案例分析：吴美仪）

4. 怎样形成共同愿景

 案例

　　某园是具有优秀传统的市级示范幼儿园。随着教育改革的不断深化，"以人为本"的办园理念日益受到推崇。如何形成与完善幼儿园的愿景，同时在共同愿景下促进全体教职工参与幼儿园管理，成为发展中的新问题，该园也在思索如何改善、优化管理方式。

　　为了实现幼儿、教师的共同成长和幼儿园的持续性发展，新一轮愿景的形成与决策就变得尤为重要。该园意识到教师参与办园愿景的决策，应建立在教师对幼儿园发展现状的了解及对园所处区域学前教育需求的调查分析的基础上，更应建立在教师深刻认识办园愿景与园发展重要性的基础上，为此幼儿园开展了一系列的活动。

　　幼儿园请各部门推选骨干教师，建立由园长任组长、业务园长任副组长、骨干教师任组员的幼儿园愿景规划小组，全面勾画幼儿园发展愿景。大家不仅通过网上搜索、查阅书籍、专家咨询等多种途径，收集国内外优秀幼儿园愿景的核心要素、基本内容，同时利用调查问卷、座谈会等方式，调查社区、家长对幼儿园发展的新需求，为园愿景设计提供相关依据。幼儿园还开展各类座谈会及访谈活动，并以"我理想中的幼儿园"为主题进行教师征文与演讲比赛。之后总结分析相关资料，提炼出幼儿园愿景的大致框架和基本内容。

　　在规划小姐讨论后，幼儿园把最终确定下来的园愿景规划（讨论稿）通过网络公示、信息发布、规划小组成员宣讲等方式告知教职员工，并开展了以下活动，以获得教职员工的认同与支持：

活动1：开展"我看愿景"论坛活动。

活动2：举行愿景规划推介活动。

活动3：组织"园的愿景、我的追求"恳谈会。

在确定愿景的基础上，幼儿园还制订了全园教师专业发展计划，包括：

（1）整体分析幼儿园教师情况，从素养、智能、特长等维度设计不同类型教师的发展目标和要求；

（2）通过听课、评课、跟踪分析，了解教师的个性特点和教育特色，再通过与教师沟通，确定教师专业提升的切入点和发展方向，制订既有挑战性又适合教师自身情况的发展计划；

（3）引领教师沿着自己预设的方向前进，勤奋工作，在实现自身发展目标的同时实现幼儿园的持续性发展。

 思考题

1. 怎么理解"以人为本"的办园理念？

2. 你是否赞成通过全体教职工参与幼儿园的管理，使教职员工成为幼儿园的真正主人？

3. 对该幼儿园愿景的制定过程，你有什么看法？

案例分析

该园是一所发展很好的幼儿园，该园推行"以人为本"的办园理念，最大限度地调动了每位教职工的主动性和创造性，促进了幼儿园工作的全面展开。

"以人为本"的办园理念是维系幼儿园可持续发展的灵魂，"以人为本"不仅为教师的成长、成功搭建了平台，也为孩子们一生的可持续发展奠定了基础，使每个家庭放心、满意。其内涵是：对教师而言，"以人为本"体现了尊重教师的人格和法律地位，为教师的发展服务是根本；对孩子而言，"以为人本"体现了尊重孩子的人格及法律地位，孩子是独立的生命个体，为孩子的成长服务是根本；对家长而言，"以人为本"体现了尊重、理解家长的选择与期待，为家长提供满意的服务是根本。整体而言，"以人为本"的核心是尊重孩子的兴趣和个性特点，培养他们学习和生活的热情、积极向上的精神、开拓创新的能力以及各种良好的行为习惯和健全的心理品质，使每个孩子的潜能得到充分发挥。

这所幼儿园实行全体教职工参与幼儿园管理的方案是十分明智的，完全符合"以人为本"的办园理念，体现了全园所有教职工的平等及管理者对教职工的尊重。平等是管理的重要原则，全园教职工共同参与管理不仅体现出管理者的宽容大度，还使教职工感受到自己是幼儿园发展的主体，使教职工拥有了主人翁意识、归宿感和集体荣誉感。另外，通过这种方式还能够集思广益，挖掘每一位教职工的潜能。全园教职工共同参与管理还可以激励教职员工工作、学习，促使人与人之间更加互相尊重与信任，加深全体教职工之间的相互了解，形成相互协作的团队，成为学习共同体，使园愿景发挥出最佳效果。

愿景决策的过程是幼儿园各岗位人员相互理解沟通、相互协作的过程。愿景规划小组涵盖幼儿园的各类人员，包括管理者、教学一线的教师与生活教师、教学辅助者，大家分别从各自工作的要求出发，充分交流与沟通，从工作中提出基本的要点，形成共同价值观。在共同合作中，幼儿园愿景的决策与形成成为凝聚人心的过程，使幼儿园不同岗位的人员为共同的美好愿望相互沟通协作。愿景决策的细化过程使愿景决策更具有可参与性，内容更丰富、更富有感召力。

幼儿园在制定一系列制度的时候要时刻考虑到制度是为教师的发展服务的，要充分体现"以人为本"的思想。只有从"以人为本"出发来建设制度，才能使制度内化为幼儿园全体人员的共识，成为他们自觉的行为和习惯。因此，在制定制度时要注意以下几点：

1. 上下结合

制定管理制度是一项工作量大、涉及面广、内容复杂的工作，它发挥着调节领导者与被领导者之间关系的作用。因此，制定管理制度时一定要坚持领导与群众相结合的原则，充分考虑管理者和群众双方的意见，上下结合，做到共同认可，人人有责，事事有制。

2. 可操作性

管理者要根据教师的基本任务制定恰当的制度，不搞花架子，制度要有可操作性和针对性。

3. 关注细节

幼儿教育工作看起来是小孩的吃喝拉撒玩学，但却是细微、繁琐、至关重要的，只有把细小的事情做好了才能确保孩子在幼儿园的健康、安全、快乐地成长，所以制度中要涉及安全、饮食、行为规范等各方面的工作细节。

4. 发挥教职工积极性

人性化制度应站在教职工立场上制定，出发点是让所有教职工都能快乐工作。只有教职工快乐了，孩子们才能快乐，教育质量才能提高，所以管理制度要从有利于发挥各位教职工的积极性出发，制定过程中要注意公平合理、一视同仁。在制定考核制度时，应以端正教职工思想、激发教职工工作热情为重点。

5. 体现幼儿园的优秀传统和文化

每个幼儿园都有自己独特的传统和文化，幼儿园制定制度时要考虑继承园优良传统，这样才能更好地发挥制度的效能，形成良好的幼儿园文化制度和氛围。

（案例分析：徐华丽）

5. 教师为什么"拒聘"

 案例

第一学年工作结束，幼儿园要重新进行人员上岗的优化组合聘任程序，原则是能跟班上的尽量跟班上，因各种原因不能跟班上的要重新聘任，通常是高一行政级别的人员聘任低一级别的人员。

在本次聘任过程中，张老师所教的学前班已经毕业，她需要重新上岗。因为张老师是省级骨干教师，工作又很扎实，所以根据她的聘任意向书，在招聘大会上领导宣布聘任她为小班班长。但张老师当场拒绝当班长，表示只愿意担任小班教师，理由是当班长难以分配班级的绩效工资。

按照幼儿园规定，绩效工资的标准是人均 300 元，但不能平均分配，要按量化考核分三个档次来分配，相邻两档间相差 30 元。幼儿园根据工作职责大小制定了详细的量化考核标准以及绩效工资考评方案，基本标准是保育员 270 元/月，教师 300 元/月，班长 330 元/月。根据量化考核结果，同档中考核分数位于前两名的可升一档，后两名可降一档，中间可不降不升保持原档。但考评方案在实施中却出现了问题。保育老师对这种评定方式很有意见，存在不满情绪，如见领导不打招呼等，却又无可奈何。

第二学期，由于上级没有特别强调必须按三档分配，各园领导都不想得罪人，因此不约而同地平均发了绩效工资。

第三学期，也就是上个学期，幼儿园管理者发现平均分配后对管理不利，影响了工作质量，加之上级再次强调要按等级发放绩效工资，不能搞平均，幼儿园也就再次按等级分配，并在全体大会上说明了原因，大家也都默认了。

在学期期末，幼儿园以班级为单位征询广大职工对分配方案的意见，结果发现大家要求绩效工资平均发放。为此园长私下找老师聊天谈话，了解调查结果是否真实可信，后来发现这只是个别人的意见。针对这一现象，园长召开会议，向全体教职工重申了维持三档分配的决定，但可将各班总额发到班长手里，由班长根据班级情况重新分配。正是这样的安排才引发了张老师拒绝当班长这一事件，她认为当班长责任大，任务重，又得罪同事，所以只有拒聘了。

 思考题

1. 为什么各园领导要将绩效工资"平均化"？这反映了什么问题？
2. 管理者应如何制定详细的绩效管理程序？

案例分析

张老师因不愿负责绩效工资的分配而"拒聘"，从案例中可以发现绩效工资在落实过程中存在的诸多问题。

绩效工资又称绩效加薪、奖励工资或与评估挂钩的工资，以职工被聘上岗的工作岗位为主，根据岗位技术含量、责任大小、劳动强度和环境优劣确定岗级，以企业经济效益和劳动力价位确定工资总量，以职工的劳动成果为依据支付劳动报酬，是将劳动制度、人事制度与工资制度密切结合起来的工资制度。

将绩效工资引入教师工资分配领域，是为了提高教师工作的积极性和主动性，彰显教师自身特长、才能和魅力，让教师坚定终身从教的信念，从而有效地实现教育最优化。

案例中所暴露的"平均分配绩效工资"行为，反映出幼儿园领导为了避免员工内部矛盾，搞"平均主义"，而这一行为将会导致新一轮的"大锅饭"，不利于教育工作的推进，起不到绩效工资应有的对员工的激励作用。

在绩效工资的分配过程中出现了很多问题，关键在于缺乏绩效评定的标准。如果没有一个科学、权威、公正、公平的测评机制，绩效的标准，很可能成为纸面上的概念或数字游戏，使考核流于形式。奋斗在教学一线上的教师们，辛辛苦苦地工作，却得不到相应的报酬，难免会出现"干好干坏一个样，干与不干一个样"的尴尬现象，教师的工作积极性也难免会受到影响，这对于教育事业的长远发展非常不利。长此以往，绩效工资必然丧失其激励先进、鞭策后进的初始目的。该幼儿园在评定绩效的过程中，并没有制定详细的绩效管理程序，只是简单地将绩效分配任务交给班长处理。正是由于分配过程中无本可依，才导致张老师拒聘。

整体而言，绩效管理是一个包括绩效计划、绩效考核、绩效反馈以及绩效结果应用等环节的闭环系统。绩效计划是绩效管理过程的起点，是在绩效管理初始时由主管人员和下属共同制定的绩效契约，是对幼儿园整体目标的分解和实施。绩效计划制定之后，员工就可以按照计划进行教学科研及管理服务工作，因此绩效实施的过程也是绩效诊断和辅导的过程，领导者和下级之间的双向沟通是实现绩效监控的重要手段。

绩效考核是按照事先确定的工作目标及评估标准，考察实际完成的绩效情况，其具体步骤包括：召开绩效评估沟通会议，对参与绩效评估的人员进行培训；教师进行自我评估和同事评估，并对教师和其他直接服务于学生的人员进行学生评估；主管人员评估并与下属沟通；综合各项分数，确定最终评估结果；上报上级主管审批评估结果，评估表格经教师本人、直接主管、上级主管三方签字后交人力资源部备案。

绩效反馈的最终目的是为了鼓励教师更好地履行岗位职责，而正确运用绩效考核的结果是发挥绩效考核导向作用的关键。考核结果除了应用于教师的评优评先，对教师起到鼓励先进、鞭策后进的作用之外，更要应用于员工的培训和继续教育，即把绩效考核作为员工接受培训和继续教育的依据。

幼儿园应建立相关的部门或组织共同落实绩效管理，而不是将这个任务简单地交给班长一个人决定。在考核教师绩效时，应遵守公平、客观、目标一致性以及重视实效性的原则，并以工作为重点进行考核。此外，在考核绩效时，还应特别注意：

（1）不做平均发放。坚持多劳多得、优绩优酬，向一线教师、骨干教师和做出突出成绩的其他工作人员倾斜，同时，统筹兼顾幼儿园内部各类岗位人员。考核分配要与岗位、任务、业绩、责任紧密结合，重点考核教职工师德表现与工作业绩。

（2）实行动态管理。绩效工资要以工作绩效考核结果作为分配的主要依据，实行动态管理。考核工作原则上以月为单位进行，业绩考核可以以学期和学年为单位进行。若教职工岗位工作量等有所变动时，应按教职工代表大会通过的方案程序给予调整。

（3）公开、公正。绩效工资管理考核方案要充分征求广大教师的意见，做到统筹兼顾，并在考核过程中接受广大教职工的监督。

案例中的幼儿园如果建立健全教师绩效工资分配制度，再进行优化组合聘任程序，相信张老师就不会再"拒聘"了。

（案例分析：刘丹阳）

6. 新官上任

7月，张老师接任某地第五幼儿园（简称"五幼"）的园长兼书记，当时的五幼正值发展低谷，教职工人心涣散，逆反心理、对立情绪在工作中时有体现。

张老师刚刚上任一个星期，地方政府又成立了第七幼儿园（简称"七幼"），并要求一幼至六幼各抽调一部分教师帮助新园开园。于是五幼新组建的领导班子召开了第一次正式会议，由老班子成员对职工逐一进行做介绍，多角度分析园内情况，共同协商制定了抽调方案。然而在方案的实施过程中，班子成员反馈回来最多的是两个字"不去"，无论用什么方法都难以改变职工的想法。张老师陷入了两难境地，与职工第一回合的"较量"，张老师饱尝了"下马威"的滋味。

也正是因为经历了这次事件，促使她静下心来深入思考幼儿园的发展规划以及教职工队伍的建设。她在职工中发放调查问卷，收回后做总体分析；她还利用暑假时间走访教职工，了解职工的所需所想以及他们对幼儿园发展的期待。在大量调查的基础上，她又征求班子成员的意见，召开了新学期第一次全体职工大会。在会上她阐述了幼儿园的优势和存在的问题，并确定了总体发展思路：以教师的专业成长为先导，深化幼教体制改革，树立"以人为本"的全新教育管理理念，注重保教合一，努力营造"团结进取，不断学习，敢于创新，荣辱与共"的良好工作氛围，把幼儿园办成教育思想先进、管理科学规范、师资结构合理、幼儿全面发展的有特色的优秀幼儿园。经过这次大会，教职工面貌有了很大的改观。

（案例编写：周景芝）

 思考题

1. 如何制定幼儿园发展规划？
2. 你认为该园的发展规划应该优先发展什么？
3. 如何打造有凝聚力的教师团队？

案例分析

上级委派张某来到五幼时，五幼正值发展低谷，存在诸多问题，教职工在工作中普遍出现对立、逆反和不安的情绪。而在抽调教师帮助七幼开园这件事情上，五幼教职工的问题充分暴露出来，张某冷静地抓住这个契机，经过一番努力和规划，让教师们看到了幼儿园发展的前景，从而精神面貌有了很大改观。由此可见，幼儿园的发展规划是非常重要的。

制定幼儿园发展规划，是幼儿园根据国家或者地区教育发展计划的需要，为了应对幼儿教育变革和发展的挑战，在系统分析幼儿园原有发展状况的基础上，确立或完善办学方向与发展目标，分析未来几年优先发展项目、急需解决的问题，并制订相应的行动计划，促使幼儿园挖掘自身潜在优势，通过全体员工的努力，提高幼儿园办园品质，彰显办园特色的重要途径。园发展规划作为幼儿园发展的计划和蓝图，具有系统协同性、持续递进性、前瞻规划性、特色性等特征。案例中，张园长针对幼儿园存在的主要问题，制定了三年发展规划，使全体职工看到了发展的前景，从而激发了全体职工的事业心和责任感。

幼儿园发展规划的制定包括以下五个步骤：

1. 全面评价幼儿园目前的状况

在正式制定规划之前，园领导应该了解幼儿园的原有基础和目前状况，了解进一步发展面临的问题和亟待解决的问题。主要包括以下几个方面的内容：分析社会时代背景对幼儿园发展的要求；分析幼儿园的基础、地位、成就以及特色；分析存在的问题与薄弱之处。这一步主要是通过分析，了解幼儿园的优势和劣势，确定幼儿园的优先发展项目，明确幼儿园的办学方向和目标。案例中张园长通过调查问卷和访谈了解了职工的所需所想以及他们对幼儿园发展的期待，并经过进一步分析提炼出了幼儿园的优势和存在的问题，然后据此确定了总体发展思路。

2. 通过确定优先发展项目，明确幼儿园的发展方向

优先发展项目是统率幼儿园全局工作的总领性项目，如果优先发展项目不明确，园长和教职工就会忙于应付各种各样的繁杂事务而找不到方向，使幼儿园工作总是处于应付和低水平重复的状态。另一方面，幼儿园优先发展项目不宜过多，要选择对幼儿园发展能产生关键影响、对园全局工作起统率作用的项目。俗话说：百年大计，教育为本；教育大计，教师为本。要想改变"五幼"现状，走上良性发展的轨道，教师队伍建设是关键，特别是教师队伍的专业化建设。所以，张园长选择优先发展教师的专业技能，这一方向是正确的、有效的。

3. 分解出各部门的行动计划

每一所幼儿园确定的每一项优先发展项目，乃至幼儿园的使命、愿景和育人目标，都需要通过各部门的具体行动来实现，因此，有必要制订各个部门的行动计划，落实各个部门的具体目标和操作方案。当然，部门规划必须受到幼儿园使命和育人目标的指导，必须受优先发展项目的制约，并且在总体目标上达成一致。对于行动计划的制订有如下要求：具体、可测量、能达成、真实且联系幼儿园实际、有时限、可评价和检查。

4. 清晰设定规划达成的标准

规划必须有清晰的成功标准，这样才有助于幼儿园教育改革活动的持续进行，才有助于规划活动的进一步实施、监控和评价。成功标准可以是学期的标准和年度的标准，也可以是整个三至五年规划期的标准，应当尽量使目标量化，同时具有挑战性且可以实现。

5. 做好监控、评价与调整

在规划执行过程中实施监控非常重要，幼儿园规划从本质上讲是一种过程，实施监控和评价有助于幼儿园在这一过程中进一步完善和修订规划。进行日常检查以促进规划准时实施和完成，保证幼儿园实现目标是必须完成的

工作。完成每项计划活动之后，全面的评价工作也要及时跟进，要使相关人士参与到评价过程中来。还应根据监控过程和评价结果对幼儿园发展规划进行必要的调整，以使其更好地推动幼儿园发展。

在幼儿园的发展和改革中，教师通常被认为是最重要的力量和因素，幼儿园管理者可从以下几个方面尝试增强教师团队的凝聚力：

1. 建立共同愿景

高效的团队往往拥有一个大家都渴望追求且有意义的目标，它能够为团队成员指引方向、提供动力，使团队成员愿意为它贡献力量。为此，园领导要了解教职工的期望和追求，并通过设立共同目标，引领团队的发展。

2. 教师的合理搭配和组合

教职工有不同的年龄、性格和能力，我们无法对一个人求全责备，但是我们可以通过合理的搭配和组合使团队成员的缺点和不足得到弥补，同时又使他们的优点得到突显，这也正是团队的意义所在。

3. 建立集体方式的绩效评价和奖酬体系

除了根据个体的贡献进行绩效评价和奖励之外，还要考虑采用基于集体的绩效评价和奖励方式，以强化团队精神。

4. 加强沟通

沟通不但可以统一认识、消除分歧，还可以密切人际之间的情感，这些对于增强团结协作是非常有益的。不仅要加强领导与群众之间的沟通，还要加强群众之间以及领导之间的沟通。

（案例分析：朱乙艺）

7. 聘用制职工的管理问题

 案例

　　某区第二幼儿园编制中有 31 人在岗，14 位在编职工已退休，另有聘用制职工 37 人。政府对该园的政策属于定额拨款，即该园增加编制人员但政府并不增加拨款。为确保幼儿园收支平衡，从 1998 年至今，该园便没有进入新的在编人员，园内职工队伍存在年龄老化、人员严重不足的问题。为了使幼儿园得到持续性发展，发挥示范作用，同时降低人员成本，该园大量任用了聘用制职工，人数占全园总人数的 55％。2008 年以前该园对聘用制职工的管理不够规范，只为职工购买了两险，解聘也相对随意。

　　自 2008 年国家实施《劳动合同法》起，如何规范劳动用工合同、合理运用国家政策是该园在发展中面临的一个重大问题。如果该园遵守此法，必将增加工资成本，且今后不能轻易解聘职工。领导对于如何对待已经在园工作多年的职工、如何处理与聘用制职工的关系感到非常困惑。当地很多单位都解聘了老职工，重新聘用新职工。也有很多幼儿园直接与中介单位签合同，由中介单位代为管理聘用制职工，避免惹上官司。

　　该园领导认为教育单位的教育质量主要靠教师，如果不充分考虑教师的利益，断然采取措施，势必会伤害聘用制职工的工作积极性。经过领导班子咨询专家及反复讨论，最后决定严格按照《劳动合同法》的要求，以幼儿园的名义与 30 多名聘用制职工重新签订合同，并向所有聘用制职工表明该园的想法和决心，力争规范管理，善待每一位职工，此举得到了聘用制职工的认同和肯定。

此后，该园一直比照《劳动合同法》完善园管理制度，如解聘职工的管理条例、职工的考核检查制度等。期间，该园发现有位青年教师虽有一定的专业基础，但是连续几次在幼儿园考核中都是最后一名，而且对额外工作比较计较，缺少奉献精神。园领导多次找她谈话，既表达了对她的期望与关心，也重申了对她的要求，但是收效甚微。

后来，该园在一次面试中发现了一位比较优秀的幼师毕业生，由于当时园内没有空缺岗位，便想到辞退那位青年教师。于是园长在与这位教师的解聘谈话中委婉地指出了她的不足，强调了园规章制度的要求以及幼儿园所做的努力，最后提出出于对她今后个人专业发展的保护，希望她主动提出书面辞呈与该园解除劳动合同。虽然这位教师有着万般不舍，但还是按照要求与该园解除了劳动合同。解聘后园长仍然关心这位教师，并向同行单位举荐了她，这位教师很感动。今年这位教师不顾家庭住址离园很远的困难，强烈要求将她3岁的儿子送入该幼儿园。

（案例编写：王咏梅）

思考题

1. 出于对幼儿园利益的考虑，你觉得该园应该由中介单位代为管理聘用制职工，还是直接与聘用制职工签订合同？

2. 如何看待校领导对这位青年教师的处理？

3. 这位青年教师强烈要求将自己的儿子送进园内上学，如何理解这一行为？

案例分析

我国自2008年1月1日起实施《劳动合同法》，对劳务双方起到了很好的规范作用。该法规定用人单位不得随意辞退不满意的职工，一些单位为了避免不必要的纠纷会选择和中介公司签订合同，由中介公司代为管理所聘职工，这对于用人单位而言，在管理上确实更加方便了，所以幼儿园一开始考虑与中介公司直接签订合同，是有一定的道理的。

但是教育行业不同于其他行业，教育工作面对的是孩子成长与教育的问题，要想教育质量有所提高，教师必须全身心投入教育教学。如果幼儿园和中介公司签订了劳动合同，势必会影响教职工的工作热情，教职工将没有归属感，认为自己只是和中介公司有劳务关系，工作做得再出色意义也不大，因而这些教职工极有可能抱着"不求无功，但求无过"的心态工作，这对二幼的发展显然极为不利。

如果幼儿园直接与教职工签订劳务合同，无疑会对其工作热情产生很大的促进作用，说明幼儿园对他们的接纳与认可。他们对于幼儿园的归属感会时刻促使他们把自己当作幼儿园的主人，本着认真负责的态度进行教学与工作，这会使二幼的发展进入一个良性循环。由此可见，二幼的领导班子最后决定直接与教职工签订劳务合同是明智之举。

园内出现连续几次考核都位于最后的教师确实要引起园领导的注意，应该首先搞清楚究竟是教师的能力问题还是态度问题，或者是教师遇到别的什么困难了。

这位教师有一定专业基础，因此能力问题不是主要原因。同时这位教师对额外工作比较计较，缺少奉献精神，这显然属于态度问题。领导多次找这位教师谈话，表达对这位教师的关心与期望，并提出二幼对教职工的要求。这些工作领导做得非常到位，首先想到的是如何尽力扭转局面，不轻易放弃教职工。领导对这位青年教师做出的努力，相信她本人也能深切地感受到。

但无论二幼的领导如何努力，这位青年教师仍然没有多大改变。这种情况下，二幼的领导可以选择继续深入了解情况，找出真正的原因所在。当然，在领导已经做出诸多努力但未见改善的情况下也可以考虑放弃。正巧二幼在面试中遇到了一位满意的优秀毕业生，这时，二幼领导就考虑到辞退这位青年教师，但如何妥善地处理辞退教师这一事情，二幼领导也做得非常好。

园长再次找这位青年教师谈话，在谈话中委婉地指出了她的不足，强调了幼儿园的规章制度要求，而且考虑到这位教师以后的职业生涯，希望能由她本人提出书面辞呈，主动与幼儿园解除劳务合同。这一切都是非常人性化的，也得到了这位教师的理解，更让她感动的是，园长在与她解除劳务合同后还主动向同行单位举荐了她，园长的做法使这位教师对二幼保留了深厚的感情。二幼的领导在这件事情的处理上考虑得很全面，做得很到位，既实现了幼儿园更换老师的想法，又避开了劳务纠纷，还很好地促进了教师与二幼的感情。相信通过这位青年教师的事情，二幼其他教职工会更加珍惜在二幼的工作机会。

后来，青年教师强烈要求把自己的儿子送进二幼，正说明这位教师对二幼充满信任，对二幼的教学环境、师资力量、领导班子都十分认可。尤其说明二幼在辞退她这一事件上处理得非常得体，丝毫没有影响她对二幼的感情，甚至还加深了她对二幼的感情。

虽然这位青年教师最后离开了二幼，但由于二幼在整个处理过程中所做出的努力，包括即使对教职工的工作不满意，还主动帮助教职工另谋出路，此举完全出于对教职工的关心爱护。幼儿园有这样为教职工考虑的领导班子，当然会培养出能为孩子各方面考虑的教职工。考虑到这些原因，就不难理解这位青年教师为什么不在乎家庭住址的远近而要把自己的孩子送进二幼了。

（案例分析：徐华丽）

8. 困境之中想办法

 案例

拉萨某县中心幼儿园建于 2008 年 8 月，现有教职工 17 人，其中专任教师 9 人，其他职工 8 人，专任教师平均年龄 26 岁。幼儿园共开设 4 个班，招收幼儿 80 多名，招生范围涵盖全县 8 个乡（镇）。

从中学的专任教师过渡到幼儿园园长的王某，在工作中难免增添了几分紧张和不安，因此对每一项工作安排，她都格外小心谨慎。她专门安排了四位幼教专业毕业的教师担任班主任，同时每班还配备了一名保育员（当地待业青年）。一周之后，她发现教师并没有按要求备课，孩子只是"规矩"地待在教室里，教师也没有准备应有的玩具、教具，个别班级还出现孩子打闹、意外受伤等问题。面对园里诸多的问题，王园长有些不知所措。为了了解教师的想法，也为了让幼儿园的工作尽快走入正轨，王园长逐一和教师进行了谈话。

那些刚来园工作不久的老师谈了她们的感受：由于刚上班没经验，觉得特别累，压力特别大，整天都在教室里看孩子，甚至没有时间准备上课的内容。虽然是幼教专业毕业，可是由于不熟悉幼儿园的实际工作情况，尤其不了解农牧区家长的特点，所以工作很被动。两名班主任甚至提交申请要辞去班主任之职，并表示宁愿去小学从教，因为在幼儿园工作丝毫没有成就感。

经过近十年工作历练的王园长清楚地知道，当年的自己也是这样的，遇到挫折就想躲避。面对园内的诸多问题，自己也有回中学工作的想法，可是想到上级领导的信任、孩子家长的期盼，她只能坚持下来。王园长找两位老师进行长谈，跟她们谈了自己的办园思路和目标，真诚地希望她们留下来，积极主动地适应班主任工作，如果仍觉得自己不适合担任班主任工作，再另行安排。同时，还针对这两位老师工作中的困难，与她们分享了自己的经验。

一周过后，两位教师很惭愧地来到王园长的办公室，表示愿意和园长一块儿把幼儿园办好。

思考题

1. 该园长指定四位幼教专业毕业的教师担任班主任之职，你认为合适吗？
2. 两位班主任开始为什么想辞去班主任之职？
3. 两位班主任后来表示愿意一块儿把幼儿园办好的原因是什么？
4. 如何提高教师的事业心？

案例分析

在本案例中，王园长沿袭了在中学工作的思维习惯，非常重视教师的教学专业水平，因此安排四位幼教专业毕业的教师担任班主任之职，但是一周之后幼儿园却出现了一系列问题。刚毕业的幼教教师缺少实际工作的经验，一走上工作岗位就要照料一群四五岁的孩子，因此很容易出现各种各样的情况。其实，王园长可以采取民主的方式让教师竞争班主任之职，而不必直接下达行政命令，这样既能使全体教师根据工作压力和自身情况来决定是否竞争班主任之职，还有利于调动教师的工作积极性。

两位班主任之所以想辞去班主任之职，主要有以下几个原因：

• 生活条件差。拉萨气候条件恶劣，常年低温。根据马斯洛的需要层次理论，两位教师的缺失性需要（生理需要和安全需要）没能得到很好的满足，在这样的生活条件下很难产生成长性需要（自我实现的需要），因此她们的工作动力不足。

• 家长不太理解幼儿教育工作。农牧区的部分学生家长认为孩子是否接受学前教育并不会影响孩子的发展，因此对幼儿教育不够重视，但是同时，他们对教师要求又很高，希望孩子在幼儿园不受一点委屈。实际上，孩子进入幼儿园之后，教育孩子的责任就由家长和幼儿园共同来承担了，但家长仍然是孩子教育过程中的主要影响者。

• 工作压力大。这两位班主任感觉很累，压力非常大。因为她们刚毕业，不熟悉幼儿园的实际工作情况，同时存在语言沟通方面的障碍，她们所承受的压力可想而知。

• 缺乏成就感。两位班主任觉得在幼儿园工作丝毫没有成就感，因而表示宁愿去小学从教，以满足自身的成就需要。

两位教师最初想辞去班主任之职，表示宁愿去小学也不愿待在幼儿园，但是后来却愿意留下来一块儿把幼儿园办好。之所以会产生这么大的改变，主要是因为她们感受到了领导对她们的重视，看到了幼儿园的发展前景，从而激发了她们强烈的事业心和责任感。

幼儿园办园理念指的是幼儿园全体成员根据时代特征和教育发展规律，基于办园实践而形成的对幼儿园发展的理性认识和价值追求。办园理念的实质是幼儿园的办园理想和信念，是幼儿园文化的重要组成部分，凝聚着幼儿园全体员工的聪明才智，并会对幼儿园管理产生巨大的影响和调控作用。办园理念也可视作一种办园主张，是从实践出发的对办园的看法和期待，它解决的根本问题是幼儿园的定位。办园理念具有全局性、前瞻性、导向性、激励性与凝聚性等鲜明特征。

在本案例中，可以清晰地看出王园长的办园理念，即充分信任教师、坚定依靠教师、同心协力地办出牧区有特色的幼儿园。王园长的这一鲜明的办园理念使全体教师明确了努力的方向，产生了强烈的事业心和责任感。

幼儿园的发展依赖全体教师的共同努力，因此教师的事业心对于幼儿园的发展来说至关重要，幼儿园可以从以下几个方面来提高教师的事业心：

1. 启发教职工的事业心和责任感

事业心是指人们对自己所从事的事业执着追求的情感和坚定不移的信念，是努力成就一番事业的奋斗精神和热爱工作、希望取得良好成绩的积极心理状态，是一种高尚的情操。责任感是一种自觉主动地做好分内分外一切有益事情的精神状态，是一个人对自己、自然界和人类社会，包括国家、社会、集体、家庭和他人，主动施以积极有益作用的精神。相关研究表明，具有事业心和责任感的人更看重事业的成功，因而也更能树立远大理想，并坚定不移地去实现，他们不拒绝合乎法理的物质报酬和享受，但事业成功更能让他们振奋和喜悦。幼儿园可以通过组织教师学习幼儿教育理论、参观考察以及开展理想信念教育等启发教师的事业心和责任感。

2. 提供教师专业发展和升迁的机会

教师专业能力越高就越能获得成就感，成就感的提升又可以促使教师对工作更加关心，其事业心也会得到增强。幼儿园对积极上进的教师，应鼓励其自修、参加更高级学历的考试，或给予在职进修的机会，使教师的教学能力和学历层次得到提升，促进教师的专业发展；对教育教学表现优异的教师，在适当的时机应给予其升迁机会，提升其学术地位，使他们在更重要的岗位上发挥更积极的作用。

3. 改善教师的工作环境并提高教师的经济收入

教师的工作环境主要包括物质工作条件和幼儿园工作氛围。物质条件适宜，能使教师感到心情舒畅，减少教师的紧张和不安情绪，而教师之间相互协作、相互关心、彼此沟通的和谐氛围也能提升教师们对工作的满意度和积极性。幼儿园要想办法为教师们谋取更多经济收入，加大对在教学和科研等方面有突出表现的教师的奖励力度。

4. 切实减轻教师的工作负担

过重的压力会使教师天天忙于应付工作，抱着完成工作任务的态度度过每一天，根本谈不上事业心、进取心。因此，幼儿园可以坚持必要的教学常规要求与检查，但不要人为地设定强制性行政指标，也尽量避免用分数衡量教学质量或作为升职、评职称、评优秀的唯一标准，应当减轻教师的压力，注重调动教师自身内驱力。

（案例分析：朱乙艺）

9. 尴尬的园长

某私立幼儿园由一名园长兼任法人代表负责园内全面工作，该园长年纪较大，是某幼儿园的退休老园长；由一名教学主任负责园内教育教学和后勤工作；幼儿园上级管理部门为公司董事会，由一名年轻有魄力的董事长直接参与幼儿园的管理。

万圣节将至，幼儿园决定举办一场大型"万圣节狂欢夜"活动。董事长决定亲自策划、组织本次活动，并将活动的具体组织交由教学主任总负责，而将本次活动的"美食节"环节交给园长负责。于是在活动中，董事长和教学主任直接单线联系，确定活动方案的内容与过程，然后由教学主任找各部门负责人协调落实各个细节。园长很不满意这样的安排，但又迫于是董事长的亲自安排，只能接受。

教学主任仿佛成为活动总负责人，所有策划和安排直接与董事长商量，全权安排相关负责人，甚至还给园长分派工作。

整个活动在董事长的策划、组织，以及教学主任的步步跟进下取得圆满成功，而教学主任也因活动组织得非常成功而大受董事长赏识。之后，他借助董事长的权威，在各种会议中常以董事长的名义发表见解，大小事情直接向董事长汇报，根本不把园长放在眼里。园长的心里一直窝着火，觉得自己在员工心目中的地位受到了威胁，大家也不知道到底是园长还是教学主任说了算。

思考题

1. 董事长和教学主任的做法是否合适？为什么？
2. 如果你是案例中的园长，当碰到类似情况时会怎么处理？
3. 董事长应该如何改进自己的工作方式？

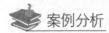 案例分析

本案例中董事长和教学主任的做法都属于越级管理的范畴，是不合适的。

越级管理是一种违背管理基本原则的管理方式，指直接上级的越级指挥和直接下级的越级报告。根据经典组织设计理论中的"管理幅度原则"，一个人受知识、能力和精力所限，能直接有效地管理的下属人数是有限的。当管理幅度一定时，随着组织规模扩大，就需要设置新的层级，增加管理人员，使得最终的组织结构呈"金字塔"型。"金字塔"型结构具有严格分明的层级，组织中每个人都必须明确自己在系统中所处的位置。同时，按照"统一指挥原则"，上级不能越级指挥下级，下级不能越级请示汇报，否则会出现混乱的局面。

案例中董事长和教学主任的越级管理给幼儿园的正常运营管理带来了很大干扰：

首先，破坏了组织正常的指挥链和信息链。责权分明的层级结构规定了组织内部信息传递和沟通的正式渠道，各种沟通应该按照层次逐级进行。董事长和教学主任的越级管理无疑破坏了信息链的完整性和命令的统一性，令普通教职员工分不清楚谁才是真正的实际负责人。照此发展，幼儿园易出现多头指挥的混乱局面。

其次，使组织内部职责不清。在金字塔形组织结构中，如果一些在中层或基层就能解决的问题，一定要高层领导出面才能解决，势必影响正常的工作程序。案例中董事长的事必躬亲不仅违反了幼儿园的正常组织制度，也会使自己身陷繁杂琐碎的小事中。而教学主任绕过园长直接与董事长联系则易导致组织内部职责不清和拉帮结派的现象产生。

再次，削弱被越级者的责任感。从另一个角度看，越级管理的频频出现

会架空中间层的管理者，使被越级的中间层管理者产生挫败感，逐渐失去对问题的判断能力，对上级产生抵触心理。案例中年轻董事长的直接干预、教学主任对园长的不尊重直接威胁到老园长的威望和影响力，会打击园长的工作积极性，使其对董事会乃至其他教职员工心生不满，进而出现怠工、不作为甚至离职的行为。

最后，在组织内部形成不良风气。无论是越级指挥还是越级报告，久而久之会在组织内部形成怪圈，下级期望通过越级报告获得晋升，上级习惯用越级指挥显示权威，最终导致良好的工作秩序和协作氛围受到破坏。案例中教学主任的做法可能是出于想获取晋升的动机。如果他达到目的，之后就会有其他人也走这样的"捷径"，无疑将形成越级管理、报告的恶性循环，影响工作的正常开展和人力资源的调配。

对于下级的越权，领导干部要做具体分析，不能简单地批判、指责。下级越权主要分为以下两种情况：一是出于公心，无意越权；二是私心作怪，故意越权。有人因为不满意自己的现任职务，故意与领导争权；有人则是为了突出自己，追求轰动效应，因此领导干部必须对下级的越权进行正确判断。

对出于公心的越权者，应该先表扬后批评，毕竟越权是为了工作，有一定的积极意义；但同时也要讲清其越权带来的负面影响，帮其找出不越权也能将事情办好的方法。对那些"事事争权夺利，时时突出自己"的越权者，则应采用适当手段进行批评教育，以达到警示目的。

案例中教学主任的做法属于第二类，园长可以从以下几点着手解决：

（1）向董事长讲明上下级同时越权给园管理带来的负面影响，争取上级领导的理解和支持，借助领导的影响力消除阻碍问题解决的一些人为因素。

（2）与教导主任有效沟通，指出其越权管理的危害性，明确其越权的真正目的，以便采取进一步措施。

（3）通过全体教职员工会议对先前发生的一系列越权事件进行处理。若在沟通后教学主任纠正了自己的不当行为，园长可在会上对其工作的积极性进行表扬，同时指明要按规章制度办事，不可操之过急；若在沟通后教学主任的行为没有改观，园长应在会前与董事长商讨对教学主任的处理办法，在会上予以宣布。

按照组织行为学理论，可以将组织分为决策层、管理层和操作层三个层级。组织良好运行的关键是各层级各司其职，使组织内部的上传下达都能依次进行。

以本案例来说，首先，董事长要有全局观念，站在全园的立场实施管理，围绕幼儿园发展的全局做事，要有所为有所不为，不可能也没有必要事必躬亲。

其次，在幼儿园的管理过程中，董事长应和园长保持沟通交流，使管理的各项措施在实践中得到落实。由于缺少与园长及时的沟通，董事长的越级指挥把园长给"挂"了起来，使园长无所适从，严重挫伤了其工作积极性。

最后，董事长要理清组织层次间的权责关系，善于授权。董事长的行为实际上剥夺了作为管理层的园长的管理权力，使园长无法履行自身的相应职责。董事长不能大包大揽、管得过细，而要信任下级，让下级发挥自己的聪明才智，创造性地开展工作，这样才能激发下级的积极性和能动性，董事长也才能把自己的主要精力放到战略规划、宏观调控上。

（案例分析：胡夏君）

10. 为什么保育员摔门而去

 案例

某幼儿园每月都要召开园务会，对一个月的工作进行回顾和总结，并通报工作检查和考核结果。在一次园务会前，后勤园长告知园长中三班卫生工作做得不好，扣分了，当时园长正忙于其他事就没有细问具体原因。后来园长在园务会上通报了检查结果，并批评了中三班的保育员，谁知保育员竟然情绪激动地与园长争执起来，最后还摔门而去。

保育员认为园长不了解那天的情况就武断地批评她，感到很冤枉；而园长则认为把卫生检查结果告诉大家并没有错，保育员没有必要反应这么强烈，有什么不满可以私下和他沟通。

事后，园长了解到后勤园长已经批评了中三班，保育员也接受了批评，并表示下次一定把工作做好。保育员没想到园长后来又在大会上点名批评，而这位保育员是一个爱面子、自尊心极强的人，对点名批评接受不了，认为园长是有意和她过不去。

了解这些情况后，园长亲自找到这位保育员，当面向她道歉，表明自己没有做深入的调查了解就批评人，方法不当。这位保育员也告诉园长，那天是因为班上有位教师请假，因此卫生工作未做完。她说："我是想把工作做好的，但是园长当着大家的面批评我，我实在接受不了。现在园长亲自来道歉，就说明不是有意和我过不去，我今后一定把工作做好。"

（案例编写：王珏）

1. 园长是否该在会上公开批评保育员？
2. 保育员与园长的沟通方式恰当吗？如果不恰当，该如何沟通？
3. 怎样看待园长的道歉？如果是你，你会怎样处理这件事？

案例分析

　　管理工作的关键在于领导者，领导艺术的核心在于激励下属的积极性。调动教职工的工作积极性是幼儿园领导的经常性任务。优秀的领导者一定要明白教职工的工作积极性从何而来，并且要善于使用各种手段调动教职工工作的主动性和创造性。这就需要园长对全园工作了如指掌，对每个教职工的个性、脾气特点心中有数，能针对每位教职工的个性特点"对症下药"。

　　案例中，中三班的卫生检查结果不好，园长提出批评，这本没有错。但是管理工作中不能不考虑特殊情况——由于当天中三班的老师请假，导致卫生工作没做完，因而不能够完全怪保育员。此外，园长不了解该保育员爱面子且自尊心极强的个性特征，在园务会上当众批评她，因而导致了争执。

　　根据马斯洛的需要层次理论，人有生理需要、安全需要、爱的需要、尊重的需要和自我实现的需要，其中尊重的需要又可分为内部尊重需要和外部尊重需要。内部尊重需要是指一个人希望在不同情境中有实力、能胜任、充满信心、能独立自主。外部尊重需要是指一个人希望有地位、有威信，受到别人的尊重、信赖和高度评价。马斯洛认为，尊重需要得到满足，能使人充满信心，对社会满怀热情，能体验到自己活着的价值。

　　案例中由于园长忽视了该保育员对尊重的强烈需要，导致了保育员的不满。在管理工作中，领导必须了解每位教职工的需要，并尽可能予以满足。低级需要容易满足，如按时发工资、给教职工提供各种生活保障并提高他们的福利，但像尊重这一高级需要就容易被领导忽视，而这会导致员工的工作积极性受到挫伤。

　　问题明确之后，解决的关键在于沟通。在管理工作中，上下级之间的沟通会面临许多障碍，如认知性障碍、语言性障碍和心理性障碍。认识性障碍是因为对同一事物的理解差异造成的沟通障碍；语言性障碍是因沟通双方所用语言的差异造成的沟通障碍；心理性障碍是由于沟通双方个性倾向与个性心理特征的不搭配造成的沟通障碍，如性格的差异、兴趣需要的不同等。

本案例中，园长与保育员之间的沟通障碍主要是心理性障碍，表现在园长忽视了保育员的尊重需要，而保育员又个性很强，才导致发生了争执。那么应如何克服该障碍呢？

（1）平易近人法：通过消除各种诱发心理障碍的因素，营造平等氛围，使双方在心理、感情上能够接近。

（2）因人而异法：根据人的不同心理素质和性格特征，采用不同的方法进行沟通。

（3）以诚感人法：用真诚的语言或行动与对方沟通，要求"诚"与"情"密切配合，同时还必须伴以虚心，否则难以取得对方的信任。

（4）心理平衡法：在沟通过程中因自己的言行过失而使对方的心理受到伤害，应采用适当办法纠正，使对方心理得到补偿与平衡。

案例中的园长主要运用了以诚感人法和心理平衡法。在意识到自己的过失后，园长能够真诚地向保育员道歉，实在难能可贵。

作为领导者，树立自己的威信不能单纯依赖权力性影响力，非权力性影响力有时比权力性影响力具有更大的影响。非权力性影响力是领导干部自身素质形成的一种自然性影响力，它通过具体小事体现领导者的品德、才干和能力，它既没有正式的规定，也没有上下级授予形式，更没有命令与服从的约束力，但其影响力却比权力性影响力更广泛、持久。大量事实表明，领导者影响力中起重大作用的是其影响力、感召力、吸引力等非权力性影响力。

案例中，园长在错误面前的坦诚姿态加强了园长的非权力性影响力，使他更能获得教职工的信任与尊重，更利于他和教职工之间良好的沟通交流，也能满足教职工对理解和尊重的需要，使大家能够心情舒畅地工作。

总之，管理过程中难免会有失误，如果是领导者主观因素导致的失误就要勇于承担责任，并敢于承认错误，这既体现了领导者个人的人格魅力，又会达到意想不到的管理效果，更能赢得教职工的支持和理解。

（案例分析：王远达）

11. 究竟是谁说了算

 案例

　　某幼儿园决定在暑期期间进行房屋装修。临施工前，园长召集中层干部说明了工作计划及安排。会上强调为了避免停课施工，将施工安排在周末，因此周五孩子们离园后各班要把本班物品归置到教室外以备施工。

　　周五孩子们离园前，园长巡视时发现许多班级在幼儿未被接走前就将物品归置到走道上，而有的班级并未整理，室内室外混乱不堪。有的班级组织孩子们到门厅等候家长，有的班级仍让孩子们在凌乱的教室内等候。

　　园长很生气，责问已经整理好班级物品的教师："开会时不是多次重复要等孩子离园后再整理物品吗，为什么孩子还没接完就开始整理？"教师称是教务主任允许其整理的，且让教师们组织学生到门厅等候。未整理班级物品的老师说："保健主任要求先在班里把物品整理好，因为将孩子们留在门厅等候不方便，要等孩子们全被接走后再搬运东西。"园长又找到了教务主任和保健主任询问原因，两人把各自的理由陈述了一遍，听起来都很有道理，然而各班教师们却被指挥得团团转，不知该听谁的。

　　事后园长在园领导会上向大家通报了此次事件产生的原因以及造成的不良影响，明确了类似情况再次发生时应该由哪些部门全权负责，其他部门不应干预，出现任何问题都要追究负责人的责任。会上同时就各职能部门的权责范围、各岗位的职责以及部门与部门、岗位与岗位之间的衔接和工作流程重新进行了讨论，并将讨论结果以制度的方式确定下来。

1. 如何评价该幼儿园的管理方式？
2. 此案例中谁应该负责装修事宜？
3. 如果你是园长，你会怎样应对这种情况？

 案例分析

该案例涉及组织结构设计的问题。所谓组织结构，就是组织内部纵向各层次工作群体、横向各部门的设置及其关系的总和。组织结构设计对于组织来说至关重要，它明确了需要完成的工作内容，并且将工作合理划分，以避免重复、浪费、冲突和资源的滥用；它也规定了工作的合理流程，建立了沟通渠道，提供了协调机制，使各项工作专注于完成目标，并且强化了计划和控制。

组织结构设计的主要内容分别是：

（1）职能设计——组织根据其战略任务设计管理职能，如果组织的部分管理职能不合理，就需要对其进行弱化或取消等调整；

（2）框架设计——是组织设计的主要部分，简单来说就是纵向的分层次、横向的分部门；

（3）协调设计——即研究分工的各层次和各部门之间如何进行合理的协调、联系、配合，以保证高效地发挥管理系统的整体效应；

（4）规范设计——指管理规范的设计，即组织的规章制度，它是管理的规范和准则；

（5）人员设计——按照组织设计的要求，进行人员设计，配备相应数量和质量的人员；

激励设计——设计激励制度，对管理人员进行激励，包括正激励和负激励，也就是所谓的奖惩制度。

组织结构设计的原则主要有：

（1）任务目标原则，即组织结构的设计必须以组织的战略任务和目标为依据和出发点，并以实现战略任务和目标为最终目的；

（2）专业分工与协作原则，即要求分工适当，同时加强协调和配合；

（3）责权利相结合的原则，即将组织中每个工作岗位上的职责、职权、利益统一起来，形成责权利相一致的关系；

（4）集权与分权相结合的原则，主要针对组织决策的集中化与分散化，集中化是指高层领导保留较多、较大的决策权，分散化则相反。

本案例的最大问题就是该幼儿园的组织结构设计不够明晰，导致管理混乱。该幼儿园决定在暑期进行房屋装修。临施工前，园长召集中层干部说明了工作计划及安排，但是仅仅说明计划和安排是远远不够的，最重要的问题是确定具体事宜谁来负责，也就是在组织设计时，该项管理职能划分给了哪位中层干部。园长的确遵守了分权原则，将非关键事宜的处理权下放给中层干部，可是他忽略了在最初进行组织结构设计时给予明确的职责划分，所以导致了装修前归置物品时，教师不知听哪位中层干部指挥的结果。

在进行组织结构设计时，领导者会对职责和权限进行划分，不同层次、不同部门的管理者有不同的权力范围。这就决定了不同管理者的不同决策范围和处理问题的权限。对本不该自己负责的问题或超越自己管理范围的权限做决策，会破坏组织运行秩序，影响甚至伤害他人的情绪；而对本该自己负责的问题不行使权力同样会给组织带来危害。

在本案例中，由于装修工作职责分工不明，导致教务主任和保健主任都认为该职责属于自己的权力范围，因而对教师发出不同的指令。当园长找到两位主任探究原因时，教务主任称他的安排既保证了物品的归置，又保证了孩子有地方等候家长；而保健主任认为将孩子们留在门厅等候不方便，就在室内归置物品，孩子仍留在室内。园长听完两人的陈述，认为都很有道理，然而园长忽视了一点，即两人的做法引起了混乱，他们都违背了园长在会上多次重复的要等孩子离园后再归置物品的要求，擅自做主，在孩子离园前就在室内或室外归置物品。权责不明使得幼儿园运行秩序十分混乱，影响了教师的积极性，也损伤了园长的威信。

因此，园长应明确具体的职责所属。如果让二人共同负责就需要加强他们之间的沟通，促进二人协作，有效解决意见不一致的问题。在明确职责后，园长还需要注意将集权和分权相结合，重要的决策权还必须保留。

案例中园长的处理办法是可取的。他在园领导会上向大家通报了此次事件所造成的不良影响以及产生的原因，明确了类似情况再次发生应该由哪些部门全权负责，其他部门不应干预，出现任何问题都要追究相关负责人的责任，同时，将讨论结果以制度的方式确定下来，以便日后工作中出现分歧时有章可循。

　　总之，幼儿园管理中要注意组织结构设计的问题，完善的组织结构设计可省去许多类似此案例的麻烦。

（案例分析：王远达）

12. 一次有意的出错

 案例

　　杨园长通过区教委的领导干部考核竞争上岗，被任命到某分园担任执行园长，主抓分园的常务工作和全园的社区教育工作。为了使她的工作能够顺利开展，领导还给她选派了一名助理吴老师。吴老师是园内的老教师，工作细致，主要帮助杨园长管理后勤工作。她们的工作风格各具特点：杨园长执着、任劳任怨但有些粗心，吴老师细致、干脆利索但小心眼。她们共同的特点是都很要强，她们在分园配合工作了两年，虽然也有这样或那样的小摩擦，但整体工作还是有条不紊地进行着，不过在上月底，却因教师考勤的事情引起了一场风波。

　　幼儿园一名年轻教师流产了，按规定应享受半个月的休养假。这位老师打电话来请假，杨园长对照日历，除去周六、周日按照纯休十五天计算了病假，并让吴老师通知了教师本人，事情就这样过去了。但到了月底，吴老师找到领导反映杨园长计算休假有误，半个月假期应包括周六和周日，杨园长让教师多休息了四天。听了吴老师的汇报后，领导问其为什么不早告诉杨园长。吴老师委屈地说："我告诉了杨园长应怎样算，可她认为不对，我也拗不过她，就想这次干脆出错让她记住好了，反正也是我们俩的责任。"领导又和杨园长沟通这件事，杨园长听后很生气："她为什么当时没有跟我说清楚，这不是有意告我的状吗？"她俩各说各的理，领导说："这是一次有意的出错，偶然当中绝对有必然，你们好好想想吧。"

（案例编写：高歌今）

1. 吴老师没有跟园长沟通背后的深层次原因是什么?
2. 关于员工休假的事,杨园长有必要亲自管理吗?
3. 如果你是园长,会怎么处理这次矛盾?

案例分析

案例中的出错表面上看起来是因为教师休假的天数计算有误,实际上反映了园内上下级之间的权责分配、沟通以及合作中存在的问题。

吴老师认为即使自己告诉了杨园长应该怎样算假期,她也不会采纳,于是采取了让杨园长有意出错的下策,目的是使杨园长长长记性;而杨园长认为如果吴老师告诉自己正确的算法,自己会采纳。可以看出,两人之间存在着严重的不信任,因而导致沟通失败。

作为一个优秀的管理者,一定要学会用人,取他人之长,补己之短。如果杨园长在以前的工作中能做到虚心请教有经验的吴老师,吴老师一定会更加尽职尽责而不是通过故意让她出错来警示她。

案例中杨园长担任执行园长,助理吴老师主要管理后勤工作,根据二人的性格特点,这样的搭配和分工应该是合理的。有人说,一个称职的管理者,只做自己该做的事,不做部属该做的事。教师请假之类考勤的问题本应是吴老师的职责,杨园长应该授权,学会权力下放,交由吴老师处理,并相信她能把事情做好。

通过以上分析,可以看出杨园长工作中还存在种种问题,但是不应就此完全否定杨园长。吴老师故意让杨园长出错也是不对的,也反映了她小心眼的性格特点。在管理上,不应感情用事,也不应该随便使小性子。正确的做法是吴老师应诚恳地跟杨园长沟通,说出自己的想法。一个如此认真又有能力且诚恳的老师,作为园长,对她的建议没有置之不理的道理。只有相互信任、合作沟通才能创造和谐的校园,孩子们才是最大的收益者。

作为领导,园长掌握基本的管理学、心理学的知识是必要的,但领导不仅是一种技术,更是一种艺术。领导艺术的关键是要学会用人,要善于寻找"替身",学会利用外力,而不是事必躬亲。要学会用人就要学会放权,对下属充分信任和尊重，尊重下属在自己工作职责范围内的决策权。

领导还要处理好和下属的关系。俄亥俄州立大学归纳出研究领导行为的两个基本维度：结构维度和关怀维度。结构维度是指领导为了实现组织目标而对自己与下属的角色进行界定和建构，经常涉及工作结构的安排；关怀维度是指领导者尊重和关心下属的看法和情感，以建立相互信任的关系。以这两种基本领导行为倾向为基础并加以组合，研究者又提出了"领导行为四分图"，把领导行为方式分为如下四种：

（1）高结构高关怀：既注重抓工作，又重视良好人际关系的培养。

（2）高结构低关怀：注重抓工作和组织目标的完成，而不关心组织成员。

（3）低结构高关怀：不大主张严格控制式的管理，注重建立和维护良好人际关系。

（4）低结构低关怀：既不注重组织制度的建设和工作任务的完成，也不关心组织成员。

从案例中的信息来看，杨园长比较关注工作，注重了上下级之间的工作关系，而对上下级之间的人际关系关注不够，这一定程度上导致她与吴老师之间的关系不够和谐。建议杨园长在以后的工作中，要注意了解吴老师的性格特点，发挥吴老师的长处，加强与吴老师的沟通，及时消除感情上的隔阂。

（案例分析：孙桂丽）

13. 为什么园长出尔反尔

某幼儿园要更换一批儿童床，园长询问办公室主任小张与郊区幼儿园是否有联系，可以以"手拉手"的方式把淘汰的旧床转送给需要的单位。小张立刻与担任某县教委学前科副科长的高中同学取得联系，此人听到这个消息后非常高兴，也很重视，很快就介绍了一家乡级民办园。

小张将联系情况向园长汇报，园长听后也很高兴，并盛情邀请那所民办园的园长来园商谈捐赠事宜。当时该乡的一位领导也来了，大家相谈甚欢，小张及其同学都为做了一件好事而高兴。但过了两天，园长却告诉小张，市教委的领导得知幼儿园要更换一批儿童床的事情，打算牵头联系扶贫事宜来处理这批儿童床，园长无奈便答应了。对此小张感到非常生气，心想：你园长做不了主的事干吗让我联系，好不容易联系好了，人家已经满心欢喜地亲自上门了，怎么好反悔？再说同样是扶贫，为什么非得给 A 县不能给 B 县，上级领导问你园长，你解释已经答应别人不就行了吗？小张越想越窝火，就对园长说："您已经跟乡政府领导和民办园园长沟通好了，现在拒绝的电话就由您来打吧。我一个小小的主任说话可没分量！"园长知道这事自己理亏，就没坚持让小张打电话，最终她自己解决了这件事情。

1. 小张生气的深层次原因是什么？

2. 怎么评价园长对该事件的处理方式？

3. 怎么评价小张对该事件的处理方式？在园长告知小张市教委打算牵头扶贫之事后，小张怎么做更合适？

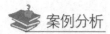 案例分析

在管理学中，内容型激励理论着重研究激发人们行为动机的各种因素。由于需要是人类行为的原动力，因此这一理论实际上是围绕人们的各种需要进行研究的。激励需要理论由心理学家麦克里兰提出，他认为人在较高层次上有三种需要：对成就的需要、对权力的需要和对归属的需要。成就需要是指人渴望卓有成效地完成任务和达成目标。有成就需要的人的特点是：热爱本职工作、很有敬业精神；乐于接受挑战、喜欢冒风险；希望干出一番事业，对事情的成功和胜利有强烈要求，希望很快得到工作反馈的结果。

从案例中可以看出，办公室主任小张是一个较为典型的有成就需要的人：乐于接受园长分派的任务，积极联络安排且对工作充满热情。捐赠儿童床事件本身很有意义，小张在参与组织的过程中不仅为本单位做出了贡献，帮助了受捐对象，而且也展现出自己的工作能力和广泛的人脉关系，他的成就需要得到了一定满足。小张对捐赠工作的圆满完成抱有很高期望，所以在得知自己所付出的努力因市教委的插手而付诸东流时，自然会非常生气。需要指出的是，小张生气更多地是针对园长而不是教委，因为园长并没有向教委解释他们做出的决定和已付出的努力。而且小张的同学作为中间人也积极给予了多方面的帮助，小张因此觉得事情没办好会使同学在单位里没有面子，给同学的工作带来不必要的麻烦。

应该说，园长捐赠儿童床以帮助有需要的兄弟单位的想法及其在整个过程中所表现出来的热情都非常值得肯定。但随后，园长在和教委领导、小张的沟通中都存在一定的问题。

幼儿园要在市教委领导下开展各项工作，园长理应服从教委领导的各项安排，但这并不代表幼儿园完全没有决定园内事务和财产的权力。在教委领导提及由教委带头扶贫时，园长可以将本园的安排和捐赠工作的开展进程向领导说明，以取得市教委的理解和支持。此外，园长也可以邀请市教委参与

进正在协商的捐赠活动，在市教委领导的名义下开展整体工作，从而在满足市教委带头扶贫要求的同时，保住原先各方人员的努力成果。

之后，园长将市教委的指示向小张传达也是不成功的。小张生气的原因除了自己的辛苦付出并没有得到应有的回报之外，也和园长没能做出有效、合理的解释有关。园长不应只是把市教委的指示简单地传达给小张，而应与小张深入沟通，坦陈自己是为了今后幼儿园工作的顺利开展考虑而无奈答应了市教委的要求，否则小张不仅会因园长毫不在意自己的工作成果而生气，而且会怀疑园长的领导力，认为园长只知道服从市教委的决定，不敢为单位和员工讲话。

此外，园长还应对小张及其同学的辛苦付出表示高度赞赏和感谢，条件允许的情况下，给予一定的物质奖励或者公开表扬，从而部分满足小张的成就需要，让其感受到自己的努力是有价值、有意义的，同时，也可以为其他教职员工树立积极工作的榜样，保护和促进员工的工作积极性和主动性。

由于园长已经出面和对方幼儿园及乡领导进行过沟通，为了维护双方的友好关系，也为了维护幼儿园的良好形象，园长应该亲自向对方解释说明。但是，小张要求园长自己解决捐赠事件已经充分表露出他对园长的不满和对园长的不尊重，园长不应理屈词穷地默默处理，而应选择合适的时机再与小张沟通，寻求更好的解决方案。

小张对工作的积极性和主动性是非常值得肯定的，但是在处理问题时有些情绪化。比如要求园长自己打电话处理问题就体现了他对领导的不够尊重。尊重领导，是下属必须做到的，下属自觉地尊重领导，有利于工作的顺利开展，有利于保持和谐的工作氛围。但尊重领导并不意味着一味顺从，下属可以就工作中的问题积极地向领导提出自己的意见和建议，以利于工作的开展和自我价值的实现。

当小张被告知市教委要带头扶贫处理婴儿床时，应首先请求园长向市教委说明已经联络好了捐赠对象，请市教委给予理解和支持。若园长已经向市教委做出过解释，但仍无能为力时，小张应服从园长的安排和决定，并主动向同学和计划受赠的幼儿园解释清楚，并致以歉意，以取得他们的谅解。

（案例分析：胡夏君）

14. 园长该站在谁的一边

自 A 园被授予某市"以园为本教研制度建设"实验基地以来，A 园就加大了园本教研力度。"园本教研"不仅是教师改善自身行为的反思性实践和专业成长的过程，也是园长在管理工作中不断反思和日臻成熟的过程。

一个周二的上午，园本教研活动刚刚结束。突然间，会议室传来一阵喧闹声，万老师情绪激动地推门而入，园长急忙请她坐下，静静地听她的牢骚和抱怨。原来，为了确定一个公开活动的内容，她与副园长产生了分歧。万老师是 A 园的骨干老师，教学能力强，遇事爱较真，是个一根筋到底不拐弯的人，要她改变主意比较困难。副园长办事也很认真，是园长的得力助手。现在两人争执不下，园长该支持谁呢？

园长先请万老师仔细地谈了自己的想法，听完她的陈述之后，觉得有道理，比副院长的考虑要周全一些，所以园长当即表示支持，并关切询问还有什么困难需要帮助，最后万老师心平气和地离开了。安抚了一方，却引起了另一方的不满，因为园长没有和副园长沟通就同意了万老师的做法，否定了副园长的决定。面对这种情况，园长不禁为难了：究竟该支持谁呢？

(案例编写：曹进)

思考题

1. 如何看待园长未与副园长交流就站在老师一方的行为？这样做可能

会导致的后果是什么？

2. 通过这个案例，在教育管理的理念方面能得到哪些启示？

 案例分析

首先需要明确副园长和园长的关系及副园长在管理中的重要作用。在实际工作中，副园长是园长的左膀右臂，是各项决策和任务执行的桥梁和纽带。当出现教师与副园长意见不一致的情况时，园长应该暂不介入，以免教师无所适从。当园长对副园长的决策有不同意见时，要先统一思想后贯彻落实，不能直接对老师发出"最高指示"，否则等于否定了副园长的工作和作用。因此，在管理中园长要切记：保持管理层的思想、行动统一，只有团结合作才能创工作佳绩。

案例中园长的做法可能会导致以下后果：

首先，对副园长在教师中的威信造成不良影响。领导的威信在管理中至关重要，会直接影响工作的开展。而副园长在园内各项工作的开展方面发挥着重要作用，包括协助园长履行各项职责，传达并贯彻园长及园务会各项决议，根据市、区教育行政部门及园长要求制定保教工作计划，带领并指导保教人员制订各种计划和完成工作总结，有计划地开展专题教研或科研活动，组织节日庆祝活动，深入教育第一线检查，协助园长做好保教人员思想工作，鼓励并支持保教人员在教育实践中大胆创新，制订后勤保障计划并组织实施，负责人员考核工作，等等。一个没有威信的副园长，怎么能有效地组织这些活动？

其次，园长的做法容易被副园长误解，导致副园长的工作积极性受挫，也会直接影响今后的工作。

第三，会在教师中形成消极暗示，教师若与某个领导意见不一致，直接找园长就可以解决，如此一来一方面加大了园长的工作压力，另一方面也对园长与其他领导间的关系造成了威胁。

园长未与副园长协调就直接对教师进行管理容易被副园长误解，但这并不意味着就要无视教师的感受。园长应该从实际出发，以教师为本，尊重教师的想法，严格按照管理制度来办事，这样才能维护教师的权利，也有利于调动副园长的工作积极性，充分发挥其在幼儿园管理中的重要作用。

通过案例反观教育管理学相关理念，能够得出以下启示：

1. 园长要在反思中提升管理理念

园长是一园之魂，是幼儿园发展的导航员，要使幼儿园这艘满载着教师、家长和孩子们期望的小船驶向希望的彼岸，园长就必须不断反思，努力提高自我修养，用宽阔的胸怀容人、容言、容事，做到以情生威、以德增威、以才胜威。在日常工作中，各种各样的管理事件是园长反思自身管理行为和理念的出发点，也是验证自身行为和理念的试验田，因此，园长必须慎重对待，并从中获取有益经验，不断提升管理能力。

2. 园长在工作过程中要不断明确和探索自己的角色

• 协调者——首先要协调好副园长与教职工之间、教师之间的关系，保证教育教学工作的良好人际环境；其次，协助合理安排人力、物力与财力，一切为教育教学、为幼儿服务；再次，协调幼儿园与家长、社会等各方面的关系，争取各方面对幼儿园的信任与支持。

• 学习者——在这样一个倡导终身学习的时代里要不断学习、反思，即使是教师的指导者，也不能以领导自居，而应虚心向教师学习，尤其要向优秀教师学习，努力使自己成为教育教学能手。

• 指导者——不仅是行政意义上的指导，更重要的是教育教学工作上的指导，正如著名教育家苏霍姆林斯基所说：如果你想成为一个好校长，那你首先就得努力成为一个好教师，成为一个有威信、博学多识的教师。

3. 园长在管理过程中必须不断确立有效的管理方式和理念

首先，管理应该严格，但要严而有方。严格体现在制定严格的规章制度、岗位职责和工作流程，把幼儿园的管理纳入有章可循、有法可依的轨道。严格还体现在要求教职工一丝不苟，认真工作，对幼儿全面关心、爱护、负责。

其次，管理应该严而有情。在制定管理条例时必然要考虑其合理性，但执行规章制度时会遇到种种情况，有时合理的东西不那么合情，管与被管之间会出现矛盾，处理不好就会使教师产生抵触情绪。然而，教师面对的是活生生的孩子而不是冷冰冰的机器，当教师的情绪处在消极被动的状态时，就可能产生不利于教育的影响，教师也难以在工作中发挥主动性、积极性和创造性。

最后，管理应有序、有效。在出台重大决策前，应先做调查，了解群众的心态和想法，并将领导的指导思想和群众进行沟通。然而，决策讲民主并不等于迁就，要先确立一个基本原则作为形成共识的核心点，这样达成共识后的团队更易于管理。

教育是一门艺术，学前教育更是一门充满魅力的艺术，因为它所面对的是最具发展潜力，正在经历人生发展最重要阶段的幼儿。精通这门艺术需要教师的全心热爱，需要了解幼儿的身心发展规律，需要掌握教育教学技巧。作为学前教育的管理者，园长的责任不言而喻，因此更需要时刻以一颗虔诚的心在自己的岗位上不断探索、创新、进步。

（案例分析：孙桂丽）

15. 园长的辞职

 案例

　　某私立幼儿园每周一早晨 8:30，园董事长都要带一名班主任老师随同其采购幼儿园一周的蔬菜及其他食物，11:00 左右才能回来。园长对董事长提出建议：第一，周一幼儿园日常工作很忙，希望尽量不要抽调老师外出采购，尤其是班主任老师；第二，早晨 8:30 才去买菜，影响了厨师做周一的早餐和午餐，对厨房管理工作不利。

　　作为新办园，在招生时为吸引家长，董事长承诺托班（2～3 岁）将采取小班教学，15 人一个班，且配备 3 名教师。在实际操作中，托班人数一跃增为每班 27 人，在人数超过原定人数后，园长建议董事长慎重考虑扩班，以遵守开学初对家长的承诺，但董事长却一再推辞，以成本高为理由拒绝了园长的建议。最终，家长和带班老师都对班级超员表示不满。此外，董事长在开学初曾对家长承诺一年内免 500 元保教费的优惠，现在也因幼儿人数的增加而取消了，园长因此不得不向家长反复做解释。园长一再提醒董事长要执行开学初的各项承诺，以保证幼儿园的信誉。多次提议后仍无济于事，园长只好提出辞职。

思考题

　　1. 董事长带班主任买菜，这一行为是否合理？

　　2. 董事长和园长对各自的职责理解是否正确？

　　3. 如果你是园长，你将如何处理与董事长的关系并履行园长职责？

在案例中，董事长每周一早晨带领一位班主任老师去采购食品，反映出其对管理权力的不恰当使用。采购食品属于幼儿园日常生活事务，应当由膳食组等相关部门处理。如果董事长把主要精力花费在处理园中具体事务上，未免有些舍本逐末，毕竟其主要职责是宏观统筹安排与合理规划，把握幼儿园的整体管理工作。

此外，由于班主任老师要负责班级的日常管理，要处理的事务繁杂，因而董事长选择带一位班主任外出采购的安排是欠考虑的。相比之下，新园长比董事长考虑问题更加周全而慎重，但终因无法有效行使权力而辞职。

一般而言，幼儿园行政组织机构的核心人物是园长，由园长主持园务委员会，讨论贯彻上级和教育行政部门关于教育方针政策的指示，研究决定幼儿园的重大问题。幼儿园下设保健组、保教组与总务组，进一步贯彻执行既定的决策，创造并改善幼儿生活、活动和教育所需的环境条件，负责卫生保健工作，组织保教工作，并提供业务指导。幼儿园组织机构设置的唯一标准是要有利于幼儿园管理职能的发挥，所以要求园行政组织结构合理、层次适宜，以形成运转高效灵活的管理体系，从而为保教工作提供有效服务。

我国幼儿园中有相当一部分为公办幼儿园，目前实行园长负责制的管理体制。随着经济体制的转型，幼儿园还出现了董事会制、独立法人制等新的管理体制。同时，近年来我国民办幼儿园也有了较大发展，有一部分也实行董事会管理制度或法人制的管理制度。

案例中的幼儿园既有园长也有董事长，可见实行的是董事会管理制度。在此类幼儿园中，董事会和园长共同承担幼儿园运行的责任，双方必须进行有效沟通，以达成一致意见。董事会是幼儿园的最高权力机构，行使下列职权：制定幼儿园经营管理规划和投资方案；审核幼儿园年度预结算方案；审核幼儿园盈余分配方案和弥补亏损方案；拟订幼儿园合并、分立、解散方案；审核幼儿园内部管理机构的设置；负责幼儿园高管级人事任免；根据总园长或园长的提议，聘任或解聘分园园长、副园长、园长助理等。董事长是董事会的召集者和主持者，对董事会负责，受董事会的约束和监督。

案例中的园长对董事长行使最高行政权力的过程产生了诸多异议，然而除了提出建议外，园长似乎没有其他途径表达不同意见，这说明了董事长享有最高行政管理权力，而幼儿园缺少一个约束其行使权力的监督机制。此外，也说明董事长和园长对各自的权力界限模糊不清。

案例中提到幼儿园在招生时为吸引家长，宣称托班计划实行小班教学。后来，实际招生大大超过计划人数，董事长还拒绝兑现保教费优惠的承诺，引起教师和家长的不满。事实上，幼儿园的经营管理规划和投资方案应由董事会讨论、研究制定，在得到所有董事会成员的确认后，由董事长将方案反馈给园长，再落实到幼儿园的经营、管理中，而不应出现案例中董事长一言堂的情况。

领导通过组织他人的行动实现组织目标，领导者与被领导者之间是相互依存、相互作用的关系。要全面达成幼儿园的任务目标，必须有两方面的积极性：既要有领导者的积极性，又要有广大教职工的积极性。而教职工的积极性一般取决于领导者的决策与行动。董事长将原本计划的小班教学扩大为大班教学，增加了教师们教学与班级管理的压力，却没有主动和教师沟通以疏导教师的压力，最终导致教职工的工作积极性受挫。

另一方面，领导成效也与领导方式息息相关。园长的领导方式是指园长对教职工行使权力和发挥领导影响力的行为表现。根据现代领导学、幼儿园管理学等学科的有关研究，结合分析我国幼儿园管理的实际情况，可以总结出四种类型的领导方式：专制型、民主型、放任型以及权变型。

专制型领导的特点是：领导者唯我独尊，权力高度集中，凡事领导说了算。这种领导方式的有效性完全取决于领导者的经验和能力，如果领导者能力强，组织会纪律严明，行动迅速，但这种领导方式不利于发挥组织人力资源的作用，对组织长远发展不利。

民主型领导的特点是：承认员工的主人翁地位，积极鼓励广大员工参与决策，强调分权管理。这种领导方式能够调动广大员工的积极性，集思广益，但是如果领导者统合能力弱，则会导致组织工作效率低下，步调不一致的现象。

放任型领导的特点是：领导者放弃职责，放任下级各行其是、各自为政。这种领导作风容易导致组织涣散，甚至失控。

权变型领导强调根据环境特征、工作任务特点和被领导者的个性来选择适宜的领导方式，而不是拘泥于某种特定的领导方式。这是一种理想的领导方式，需要长期的领导工作历练才能有效掌握。

园长一再向董事长提出慎重考虑增加每班人数的决策和遵守承诺的建议，董事长却再三推辞。由此看出，董事长的领导方式接近专制型，这种领导方式不利于群策群力，领导者的专断很可能导致整个体系面对变化缺乏灵活的应对措施，不利于幼儿园的长远发展。

这样看来，董事长和园长的错误在于对权力的分工没有清晰的界定，同时幼儿园缺乏一个完整、严谨的权力结构体系，结果导致董事长事必躬亲却"不讨好"。另外，董事长对幼儿园的管理有专制独权倾向，导致领导之间、领导和员工之间缺乏畅通而有效的沟通，最终导致了园长的辞职。

（案例分析：于熙）

16. 因兼任工作而引发的矛盾

 案例

　　某幼儿园的会计由一名教师兼任，起初由于人员较富余就让她只负责会计工作。后来由于人员退休等原因，造成教师人员紧张，园领导希望她再继续当教师，但她表示还是愿意干会计这一行，毕竟干了十多年了，可园长较为坚持。最后这位教师妥协，接受会计工作不放，再去小班兼一门学科教学的安排。园领导也同意让她上午在班里教学，下午处理会计事务。可在实际工作中会计的工作时间具有阶段性，一忙起来就会影响教学。本来班上三个老师一起工作，另外两人就逐渐产生想法，认为会计少干活了；而会计也很委屈，觉得自己承担双重职责，总体上比别人干的还多。如此一来，大家发生了口角，还动了手，导致会计的小手指骨折了，她去医院看完后就到上级领导那里要说法。

　　第二天上级领导把园领导班子和会计叫去，看能不能达成统一意见。先征求会计个人的想法，她说愿意做会计不做老师。会计表完态后，三名园领导分别谈想法，园长认为她还是当老师好。书记说："在不违反原则的情况下，保持园内稳定是最重要的，她愿意留在会计岗位上我不反对。"副园长也同意书记的意见。最后上级领导决定在会计手没痊愈之前继续会计工作，伤好后再进行选择。于是园长觉得自己很没有面子，认为其他两位园领导拆她的台，同时认为上级领导不支持她，使她的工作不好开展。后来园长在工作中经常刁难会计，最后这名会计只好调走了。

（案例编写：贾琳）

 思考题

1. 你认为会计的做法是否妥当？
2. 分析一下案例中的领导风格。
3. 假如你是这位园长，你将如何处理这种情况？

案例分析

　　幼儿园园长的职责不是具体的教学或者纯粹的管理，而是创建支持的环境并且帮助员工提高教育教学技能，促进幼儿园的发展。案例中的园长由于管理理念落后和缺乏有效的沟通交流技巧，最终导致出现一系列问题。

　　首先，如何应对幼儿园的人员短缺是值得深入探讨的问题。这一现象在幼教领域比较普遍，因为每年都会有大量的人员流动。作为园长，如何吸引和留住有能力的员工关系到幼儿园的稳定、长远发展。

　　在本案例中，由于退休等原因导致人员紧张，对在园员工造成了一定心理和工作压力，园长应该给予员工更多的支持，肯定他们的工作，并从领导者的角度感谢所有员工为幼儿园的发展做出的贡献，充分调动员工的积极性和工作热情，并期待、鼓励、奖励员工的职业发展。这个幼儿园的会计由一位教师兼任，单纯从职业发展的角度来看是值得肯定的，这样不仅为幼儿园免除了从外部聘请会计的麻烦，而且作为本园的老员工，该教师会比招聘来的"新人"更了解幼儿园情况，也会为会计工作的开展带来便利。因此，由于人员紧张致使会计岗位不得不做出调整时，园长第一步应对会计的工作和贡献做出肯定，这样不仅有利于会计在感情上接受岗位变动的需要，对其他教师的职业发展也有一定的促进作用。

　　所有幼儿园管理者都希望自己的幼儿园是友好的、充满关怀的、吸引人的，即能够提供一个支持的环境。这种支持的环境不仅指幼儿园与孩子及其家长之间的良性互动，也指领导和员工之间、员工相互之间的支持与理解。要达到这个目标，需要领导者以人为本，具备良好的沟通技能。案例中，园长在尝试说服会计接受教师岗位时，应更多地考虑会计的感受与想法，而不是强硬地向她传达决定。遇到会计难以接受新岗位的情况，要善于倾听，找到她不愿承担教学任务的深层次原因并进行分析。如果通过努力能够消除会

计的后顾之忧，应尽量予以解决；如果会计还是不愿从事教学工作，可以考虑让其他教学任务不太繁重、学科近似或相同的教师来担任教学职位。总之，园长可以尝试以多角度、多元化的思维方式解决工作中遇见的难题，解决问题的方法也要因情景的改变而做出相应调整。

案例中会计和其他老师关系紧张，这与园长的态度和行为密切相关。如果在会计承担教学任务之初，园长就将几位任课教师召集起来，说明会计工作负担较大，希望教师们之间相互配合与理解，就不太会出现最后的僵局。

为什么会计岗位的调动如此难以进行？这其中的原因是多方面的，有园长权威不够的原因，也有园长缺乏沟通技巧和时机选择不当的原因，还有领导班子对此事的意见不统一的原因。

第一次调岗本来是可以成功的，因为这毕竟是园长的命令，但是问题出在当会计坚持保留自己的会计岗位时，园长没有坚持，而是做了妥协，于是留下了产生问题的隐患。当出现问题后，园长再次决定对会计进行调岗，这次又没成功，原因是时机和处理问题的方式出了问题。这时会计是很委屈的，因为她不是故意耽误教学工作，而是由于会计工作太忙。本来园长首先应该安慰会计，协调会计与其他教师的关系，然后再来解决教学工作配合和调岗的问题。然而园长没有按照这样的顺序进行，而是再次要求会计转岗，在会计看来如果这时同意转岗等于承认全是自己的错，这是她不能接受的，所以更加拒绝转岗。而且在处理问题的方式上，园长事先没有和其他领导班子成员达成一致，结果领导班子成员之间意见分歧很大，赞成不调岗的意见占了上风，导致园长调岗的决定再次落空。

因此园长心生怨气，怨恨班子其他成员不支持自己，怨恨自己缺乏威信，怨恨会计不给自己面子，所有这些怨气向别处是撒不出去的，只能向会计发泄。因而园长处处为难会计，最后导致会计调走。这一点园长是不应该的。

从案例来看，该园长在幼儿园缺乏威信，沟通技能有待提高，领导班子也不够团结。对园长而言，当务之急是要改变自己的领导方式，加强沟通，特别是加强和领导班子成员的沟通，敏感问题的集体决策要事先沟通，不能任其自然发展。其次要加强领导班子建设，特别要强化领导班子的团结协作。

（案例分析：于熙　程凤春）

17. 莉莉老师的转岗经历

 案例

　　莉莉原来在一所企业幼儿园当班主任，各方面表现都不错。2004年幼儿园改为承包制，莉莉则应聘到了一所公办的省级幼儿园做老师。在第一年，性格比较内向的莉莉一直努力工作，工作表现虽然不是最好，但也没有出现什么问题。2006年莉莉老师谈恋爱并结婚了，之后园长和其他老师都发现莉莉在工作上明显没有了积极向上的劲头，精神颓废，对待孩子少了原有的耐心和爱心。好几次下午下班时，班上剩一个孩子没接走，莉莉老师就打电话催家长快来接孩子，还说免得影响她下班，让家长很反感。班长、年级组长分别找她谈过话，但莉莉老师总是用各种理由来回应。

　　临近学期末的一天，园长巡班时发现莉莉老师班上的孩子在自由活动，而她自己则坐在电脑前专注地操作，园长走过去发现莉莉老师在网上种菜，莉莉见到园长马上说："园长，我是第一次在幼儿园玩。"随后园长约莉莉老师进行了一次深入细致的谈话。原来莉莉的丈夫是一位网络发烧友，她为了与丈夫保持一致的兴趣，经常上网学这学那，对网络游戏也非常感兴趣，最近开始尝试网上种菜，所以不停地关注。

　　园长听后及时肯定了她的学习、探索精神，指出如果把这种精神放在钻研业务上肯定会有好成绩，又指出她责任心不强，上班时间干私人的事情早晚会出问题。之后，园长向班长、年级组长了解莉莉老师平时的教学与工作情况，又召开园务委员会和园行政班子会议，让大家讨论莉莉老师的问题和处理意见。最后，根据年度考核评估情况、优化组合的意见及幼儿园的规章制度，领导决定把莉莉老师调离教师岗位，轮岗为保育员，考察一年时间。学期末，园长在全园职工大会上与大家一起学习《爱岗敬业别打折》，讨论高尚师德的具体表现，并在会上公布对莉莉老师的处理决定，没有一个教职工提出异议。

2008年春节期间，莉莉老师主动向园长发出祝福的信息，并表示自己会珍惜一切，好好学习，争取早日回到教师岗位，感谢园长和大家的帮助。在一年的保育员工作中，莉莉老师积极认真，利用空余时间参加教师组的学习、研究，虚心向其他老师学习。鉴于莉莉老师认识问题的态度很好，一年来工作责任心比较强，经园务委员会讨论研究，莉莉老师又回到了教师岗位上。

（案例编写：叶向红）

 思考题

1. 园长对莉莉老师的问题是否处理得当？

2. 请运用人力资源管理绩效考评的相关理论探讨案例中幼儿园对莉莉老师转岗问题的解决过程。

3. 请运用人力资源管理相关理论谈谈怎样才能对幼儿园老师进行有效激励。

 案例分析

案例中园长对莉莉老师的问题所采取的行动主要反映了人力资源管理中的绩效考评以及激励和沟通方式等的综合运用，绩效考评、激励和沟通都是人力资源管理活动必不可少的管理过程和手段。

绩效考核是指采用一定的考评办法，评定员工的工作任务完成情况、工作职责履行情况和发展情况等。绩效考评是人力资源管理的中心环节，只有对员工绩效进行公平、公正的鉴定和评价，才能认定员工的业绩贡献，激发员工的创新精神，开发其潜在能力，使其改善工作方法，最终实现组织的整体目标。绩效考核一般遵循明确化、公开化、客观、及时、差别化等原则。

绩效考核需要注意以下几点：

（1）确定恰当的考核标准，即考核标准要尽可能准确、明白，尽量客观。

（2）选择正确的考评方法。一定要根据考评对象、考评目的等具体情况的不同，选择最有效的考评方法。

（3）选择适当的考评时间，即根据工作特点选择适当的考评时间，充分达到考评目的。

案例中园长采取的一系列行动和过程正是其充分运用人力资源管理中绩效考核理论的典型表现。首先，园长遵循明确化、及时、差别化等原则，收集信息、积累资料进行沟通，针对莉莉老师从最初的"努力工作"到后来的"工作中没有了积极向上的劲头，精神颓废，对待孩子少了原有的耐心和爱心"等问题，通过巡班、细谈等方式对其行为原因进行了深层次的调查分析，收集了大量信息。后来园长遵循公开化、客观、明确化、及时、差别化等原则召开了园务委员会和园行政班子会议，让大家讨论莉莉老师的问题和处理意见。最后，根据规章制度，将莉莉老师调离教师岗位，轮岗为保育员。一年后根据莉莉老师的表现使其重归教师岗位。

园长的做法使莉莉老师能够认识并改正自己的错误行为，最终取得了很好的考核效果。因此，园长对莉莉老师问题的处理非常合适，充分体现了人力资源管理的绩效考核要求。

除了绩效考评理论以外，本案例还涉及人力资源管理中的激励及沟通理论。激励是人力资源管理活动的核心内容，是通过采用一些理论和方法，对工作人员的各种需要予以不同程度的满足或限制，以引起他们心理状况的变化而达到激发动机、引导行为的目的，再通过强化对其行为加以控制和调节。激励可以是物质方面的，也可以是精神方面的；可以是正激励，也可以是负激励，目的是调动工作人员的积极性，以形成良好的集体观念和社会影响，促进工作人员素质的提高，因此，有效利用激励可以促进管理活动高效、有序地进行。

沟通也是人力资源管理的主要活动之一，不仅指信息交流，也包括情感、思想、态度、观点等的交流，是沟通双方彼此之间进行的深入交流，可以通过会议、讨论等正式渠道沟通，也可以是非正式的聊天、闲谈。通过沟通，不仅可以使员工明确自己的工作职责，也可以促使组织了解员工的努力程度。沟通一般要遵循准确性、及时性、信任性、适当运用非正式渠道等原则。顺畅的沟通可以有效促进激励的实行。

本案例中，莉莉老师前后工作态度的巨大差异必有原因，所以园长发现莉莉老师的情况后，并没有急于责备或者惩罚，而是先观察其行为表现，然后通过深入细致的谈话，肯定了她的学习、探索精神，并指出如果把这种精神放在钻研业务上肯定会有好成绩，同时也指出她行为不当的危害。这体现了园长按照准确、及时以及信任等原则，有效运用非正式沟通渠道，达到了沟通的目的——不仅充分了解了莉莉老师遇到的问题，也使莉莉老师对自己的工作职责以及错误有了清楚的了解。

之后，园长与班长、年级组长就此事进行沟通，再通过园务委员会和园行政班子会议讨论处理意见，针对问题进一步沟通。园长在有效沟通的基础上根据掌握的信息，采取让莉莉老师转岗的措施，有针对性地对其进行激励，充分调动了她的工作积极性，也促使其尽快改正错误。

通过上述分析可以明确，幼儿园管理者要保持与教师之间的沟通和交流，通过教师的行为表现及时体察其心理需求，有针对性地采取不同措施进行激励。而激励措施的实行也要根据规章制度执行，正如古人所言："用赏者贵信，用罚者贵必。"即实行奖赏必须重视守信，实行惩罚必须重视坚决执行，如此激励措施才能具有很强的影响力，才能有效地应对和解决各种问题，不断促进教师的成长发展。

（案例分析：马龙）

18. 男女教师为何待遇不同

 案例

　　某幼儿园有两名男教师，他们的到来为清一色女教师主导的幼儿园带来了活力，同时两位小伙子也深受园长的喜爱。

　　一年后，园长承诺：只要期末考核合格，两位男教师可以每年涨150元工资。现在两位男教师已经在幼儿园工作5年了，工资比一同参加工作的女教师的工资多了750元。这时同来的女教师找到园长提出：为什么同时参加工作的老师，男教师要比她们多拿那么多工资？园长不知该如何回答。

（案例编写：卫喆）

 思考题

　　1. 幼儿园中的男老师为何会受到重视？

　　2. 此案例中园长的做法是否妥当？

　　3. 作为园长应该如何留住男教师？

 案例分析

　　目前，国内外学前教育机构普遍存在男女教师比例失调的问题。研究显示，发达国家男性幼儿教师的比例只有1%～4%，最高也不超过8%。我国男教师的比例更低，往往成为幼儿园的"稀缺资源"，如何设法留住幼儿园的男教师就成为了摆在许多园长面前的一道难题。本案例就是在这样的背景下发生的。

在大多数人的印象中，幼儿园的主要任务是照看孩子的日常生活，而女性细心、温柔、富有母性的特点使得人们将幼儿教师理所当然地视为女性角色。诚然，女教师在幼儿园工作有一定的优势，但并不意味着幼儿教师是女性的专利，男性就做不好幼儿教师，恰恰相反，男老师也可以从事幼儿教育工作，其工作能力与女教师是一样的。翻看古今中外的学前教育史可以发现，很多学前教育家都是男性，如"幼儿教育之父"福禄贝尔、张门雪、陈鹤琴等，说明男性也可以在学前教育领域做出一番成就。

对幼儿园的教育活动来说，男教师的作用十分重要，他们能够帮助儿童形成完整的社会认知。幼儿园必须为孩子的成长与发展创设性别平衡的环境。女教师虽然可以给孩子母亲般的呵护，让他们感受到家的温暖，但是如果孩子们整天见到的都是女教师，受到的都是来自女教师柔性文化的影响，那么幼儿以后的人格发展必然会受到影响。毕竟外界社会由男女两性组成，如果在幼儿园这个微环境中缺少男性，幼儿不能体验男性的性别特质，接受来自男性的影响，其社会化的内涵将缺少很多必要的有价值的元素。特别是男孩子，更需要从男教师身上学习坚毅、勇敢的特质，这对他们的性别社会化过程来说是不可缺少的，因此需要更多的男教师加入幼儿园工作。

从幼儿园发展的角度来说也需要男教师的加入。从组织管理的角度分析，哈佛商学院的坎特教授认为两性比例是影响组织行为和管理效率的重要因素，组织中两性比例应该协调。幼儿园中如果只有女教师，等于职场中的性别单一，她们的思维方式、工作节奏相同或相似，势必会造成工作效率难以提高；如果有男教师加入，改变幼儿园的性别比例，将有助于提高幼儿园的工作效率。

前文提到，受到传统观念的影响，人们往往认为幼儿保育理所应当是女性的工作；而且社会对男性在事业上的要求更高，使得男性在就业上更趋向于选择高回报、高成就感的职业，很多男性不愿以幼儿教师为职业或不会长期从事该工作，因而幼儿园男教师流失现象比较严重。为留住幼儿园中为数不多的男教师，案例中的园长采取提高男教师待遇的方法以期留住他们。

这种做法虽然能在一定程度上达到目的，但会引起女教师的不满，长远来看仍然不利于幼儿园发展。而且，给男教师加工资是园长一人的决定，并未征得其他教师的同意。此外，此事还反映出该幼儿园并没有明确的奖惩制度，应该将对男教师的奖励制度放到园民主会议上讨论，经过民主讨论后形成明确制度，并在以后的工作中参照执行，这样便可以减少不必要的矛盾。

除了采取提高男教师待遇、建立对男教师的奖励制度等方法来留住男教师，还可以采取以下措施：

1. 创设尊重男教师的校园氛围

如今不少幼儿园开始引入男教师，但有些幼儿园没能正确对待男教师，使不少男教师认为自己在幼儿园里好像"杂工"，普遍缺乏职业归属感。因此，幼儿园必须更新观念，充分认识到男教师也是教师，只是他们与女教师有着性别上的差异，教育教学方法有别于女教师，在幼儿园的地位比较特殊而已。幼儿园应该以人为本，把他们安排到日常的教育教学工作中去，发挥他们的特长，给予更多的关怀，让其感受到作为教师的尊严，激发他们的工作积极性。

2. 进行有针对性的培训，促进男教师专业发展

与女教师相比，幼儿教育对男教师的要求有着更加复杂的内涵。从幼儿教育的特点出发，男教师一方面要学习女教师的细腻、温柔和耐心，另一方面又要突出自身的阳刚和勇敢。教师专业成长的重要途径之一就是观摩学习和群体交流。然而，现在幼儿园连男教师都很少，优秀的更是凤毛麟角。如果不加以正确引导，很容易使男教师的性格发生畸变或被女教师"同化"，失去其独特的教育教学魅力。

因此，幼儿园应加强针对男教师的培训，为男教师"量身定做"专业成长计划。通过园内培训与外出学习相结合的方式，让男教师感受到幼儿教育的乐趣，进而奋发向上，努力钻研，迅速提高专业水平。

（案例分析：刘睿思）

19. 一次不成功的岗位竞聘

 案例

　　某幼儿园经过领导班子反复推敲研究，由教育局主管科室把关、职代会讨论通过的教务主任竞聘方案终于出台了。竞聘者的资格条件是：幼儿园在编在岗的教师；具备大专及以上学历；教龄五年及以上；具有中级及以上教师职称；40周岁及以下。条件放宽到了极限，共16人符合条件。

　　为了使方案深入人心，公布方案后幼儿园随即召开了专题动员大会，针对中层干部竞聘上岗的意义、目的，以及为什么采取竞聘这种方式选拔中层干部等几个方面进行了阐述，还介绍了幼儿园的事业发展，个人实现自我价值的途径，竞聘的公开、透明、公正，以及如何最大限度为获胜者开展工作创造条件等。之后幼儿园便将方案公示在信息栏，接下来就是信心百倍的期待了。

　　结果让大家始料不及的是，直到报名截止，在规定时间内报名的只有一个人，一名教师犹豫再三在截止时间之后放弃，还有一名教师甚至是在截止时间过了三小时后要求报名。由此方案必须改变！

　　园领导斟酌再三，只能将竞聘形式改为以领导班子成员集体提名的方式推荐了那位在规定时间内主动报名的教师为考核对象，由全体教职工投票表决。投票结果振奋人心，参会的108名教职工，共102票赞成，6票弃权，没有反对票，赞成率94.5%，教务主任由此诞生。虽说是一次不成功的竞聘，但推荐出的人选很优秀，能力很强，幼儿园的教学管理工作由此进入了一个崭新阶段。

（案例编写：杨慧玲）

 思考题

1. 出现岗位竞聘不成功的原因是什么？
2. 这次的竞争上岗存在什么问题，该怎样改进呢？
3. 你对幼儿园的管理模式有什么建议？

案例分析

这次"不成功"的岗位竞聘无疑反映了幼儿园管理的一些不足之处，出现这样的情况可能有很复杂的原因，既包括教师自身的原因，也包括幼儿园管理层面的因素，当然也不可排除本次岗位竞聘本身存在的不足。

美国著名心理学家班杜拉提出了自我效能理论，自我效能感是指人们对自己能否成功进行某一成就行为的主观判断。面对这次岗位竞聘，除升职的诱惑之外，教师们也会在心里衡量自己的胜任能力，她们的工作经验、自我认知等都会影响到她们对自己的评判。之所以会考虑这些，是因为竞争上岗者要担负更大的责任，承受更大的压力。

本次竞争的压力是不容忽视的。有 16 人符合竞选条件，而职位只有一个，成功的几率只有 5.5%。这时教师们的行为和心理就可以用默里和麦克里兰的成就动机理论来解释。

成就动机是一种力求成功并选择朝向成功（或失败）目标活动的一般倾向，个人的成就动机可以分为力求成功的意向和避免失败的意向两种倾向。如果一个人追求成功的动机高于避免失败的动机，那么他就会努力追随特定目标。在期限内报名的那位教师很可能就属于这一类型，虽然失败的几率很大，但是她更想取得成功，所以选择接受面临失败的风险。

如果一个人避免面对失败的动机强于追求成功的动机，他就会尽可能选择减少失败机会的目标，有意向竞聘却一直没有报名的教师很可能就属于这一类型，因为注意到成功的几率很小，而不愿意接受失败，就选择无作为的方式。长期以来的生活氛围和文化很容易造就教师们这种思维方式，觉得报名了就要成功，对失败有种天然的恐惧，这种传统观念还需要幼儿园领导多多加以引导和改善。剩下的犹豫不决的和期限后再报名的两位教师属于成就动机界定不清的，虽有较强的追求成功的欲望，却又对失败有着较大的恐惧。

心理契约理论认为期望的产生源于需要，教师有强烈的成就需要，且大多具有较高的文化素养，倾向于追求事业的成功和自我价值的实现。他们在成就上的需要不一定表现为惊天动地的业绩，更在于获得日常工作中的愿望实现感、任务完成感、专业成果感和探讨新事物的创新感，因而教师的需要更多偏重于"尊重"、"自我实现"和"发展"。强烈的愿望实现感和自尊需要使得教师们希望尽量减少失败的机会，但是渺小的成功几率未能激起他们自我实现和发展的强大动力。

自由竞争上岗是选拔优秀干部的一种方式，幼儿园需要建立这样的选拔制度。多年来的任命制已使许多教师失去了自我表现、自我推荐的热情，而对于竞聘制度，教师更多的是不适应，在行动和心态上都还不能完全接受，所以幼儿园的选拔制度还需要作适当的调整。首先，领导要让员工看到上岗后的一系列优势，让教师看到这一行为对自己切身利益的影响。领导应保证责任与利益的对等，而不是承担更重要的责任却得不到相应的福利。

对教师们而言，竞争上岗存在很大的压力，一方面成功的几率很小，要做好接受失败的心理准备；另一方面，竞争上岗属于自我推荐，表明自己对出色完成任务的承诺，如果竞选成功，上岗之后若出现纰漏或事故，面对的压力将会更大。

在只有一人报名的情况下，无法保证所选人确实合适，也就无法保证竞争上岗的质量。因此领导或许可以换一种方式，给大家过渡的时间和心理准备。竞争上岗如果按照以下程序操作将更为科学：按照条件针对16名教师提名，然后组织会议，请16位教师作自我展示，最后进行民主投票，这样在公正、平等的情况下会有更多优秀人才展露出来。有了这样介于主动与被动之间的竞争上岗，既可以增强大家对竞争上岗的认识，对大家担心失败的心理也会有一定的调节作用，更有利于以后竞争上岗工作的进行。

与此同时，校领导也要适当调整自己的管理模式和方法，给员工们更多参与决策的机会。教职员工参与决策有利于教职员工建立心理归宿感，有利于教职员工了解组织运行的程序和模式，有利于培养教职员工的自我效能感和积极性，也有利于培养骨干力量。

幼儿园管理的核心是对人的管理，以人为本的管理理念强调的是注重人的发展，注重人的主体感受，从而调动人的主体作用。管理者如果能从这个理念出发，就能最大限度地调动教职工的主动性、积极性和创造性，这就是园本管理。园本管理旨在动员教职工人人参与管理，提倡教职工自我管理、自我监督、自我评价。在管理过程中将自上而下的他控式管理变为自下而上的自控式管理，使管理制度化、规范化、标准化、科学化、人性化，让教职员工觉得自己是幼儿园的主人，自己有权利也有义务积极参与幼儿园的管理。

领导不能集权，领导过程是领导者和被领导者相互协调与双向统一的过程，而不是领导者单向的过程，领导者和被领导者是平等合作的关系。领导者应该与下属商量行动和决策，鼓励下属参与，鼓励员工对组织发展、领导过程等提出建议并进行监督。这种模式能使决策具有科学性、有效性，尤其能够调动职工的自主性和创造性，使职工的潜力得到发挥，同时也可以强化员工对组织的忠诚感。

综上所述，建议该园领导者尽量多地使用这种管理模式，长此以往，相信教师们的积极性、自主性都能得到很大的提升，也可以为以后竞争上岗工作的顺利开展打下坚实基础，同时幼儿园还要给予教师足够的关心和帮助，给教师更多参与管理的机会，给他们提供更大的展现自我的舞台。

（案例分析：曹春双）

20. 陈老师该受罚吗

 案例

幼儿园的陈老师在日常工作中不能很好地遵守劳动纪律，时有迟到、早退、串班聊天等违规行为。年底发放奖金时，园长根据奖罚制度从其年终奖中扣除150元作为处罚，并奖给出满勤、工作积极认真负责的李老师，以期起到奖优罚劣、奖勤罚懒、调动职工积极性的作用。园长根据奖罚制度扣发奖金，引起了陈老师的强烈不满，她认为幼儿园工作累，放松一下没什么了不起，况且也没出现什么意外情况，因此要求园长退还扣发的奖金。

园长认为，既然制定了规章制度，就应该认真贯彻执行，否则会挫伤本园其他职工的积极性，因此拒绝了陈老师的要求。陈老师很愤怒，认为园长对自己有看法，是打击报复，于是出言不逊对园长进行人身攻击，并让家里人和她一起到园里大吵大闹。后来看到园长没有让步的意思，又找到主管幼儿园的上级领导哭闹，歪曲事实。

领导在没有调查清楚的情况下轻率表态，让园长退还奖金，使园长的工作陷入被动。但园长并未盲从上级领导，而是写材料呈报上级，讲明情况，并表示自己的做法是正确的，如果不贯彻执行幼儿园的规章制度，自己就无法胜任园长的工作。上级领导对此很重视，经反复调查研究，做出决定：（1）给陈老师记处分一次，扣发奖金不必退还；（2）表扬园长工作认真负责，把制定的方针政策贯彻到底的做法。

 思考题

1. 陈老师为什么受罚后心理不平衡，甚至在领导面前大闹？

2. 从执行制度的角度看陈老师受罚的过程和结果，其中反映了哪些问题？

3. 从陈老师受罚的整个过程看，幼儿园的日常管理还应注意哪些问题？

案例分析

陈老师受罚后的表现，让我们反思两个问题：第一，制度制定得是否合理；第二，幼儿园管理者在日常管理中是否民主。

爱因斯坦说：提出一个问题往往比解决一个问题更重要。因为有了前者，后者才能性质清、方向明。同样，有时弄清问题的原因比解决问题更重要，因为弄清楚原因才能有针对性地解决问题。

也就是说，园长应该首先对陈老师违纪违规行为产生的原因进行反思。倘若连违纪违规的原因都不清楚就依规处置，就不能真正从根本上解决问题，反而会埋下隐患。反思是现代人尤其是组织领导者必须学习和掌握的思维模式和工作方式，通过反思能够及时发现工作中的不足或潜在风险，能够帮助提高认识，改进行为，少走弯路。对于反思，当下还存在着一种值得注意的倾向：一些管理者仅反思自己的言行，不会换位反思，不会把他人的言行作为自己反思的对象，不会从别人的言行尤其是错误的言行中获得教训与智慧。

案例中，园长面对陈老师的违纪违规行为，想到的仅是如何用现有的规章制度去处置，而未分析陈老师违纪违规行为产生的原因，尤其是与幼儿园现有规章制度的关系。因此，陈老师对自己受罚才会大声喊冤，同类违纪违规现象也未必能得到控制。

违纪违规，从宏观上讲，原因无外乎两种：一种是内生性原因，即因个人认识不足、思想品德有问题而产生违纪违规行为；另一种是外生性原因，即因规章制度本身的缺陷而导致违纪违规行为。

作为园长，面对陈老师的违纪违规行为，首先要做的不是急着用现有的规章制度去处置，而是要对之进行反思，弄清问题形成的原因，特别要弄清

其与现行规章制度的关系：若属内生性违规，则应及时果断、不折不扣、公正公平地按规定处置；若属外生性违规，则应考虑修改现行的规定。陈老师认为"幼儿园工作累，放松一下没什么了不起，况且没出现什么意外情况"，其看法是否反映了制度的某些不合理之处，如果事实是内生性和外生性违规兼有，则应视情形妥善处置。总之，现代领导者应具有冷静反思在前，具体处置在后的制度执行观。只有这样才能真正维护制度的权威和尊严，做到制度治园。而这样的制度治园，才能被教师所接受。

制度是要求大家共同遵守的办事规程或者行为准则。一个单位的制度主要指的是行政性规章制度，是规定、规程、规范、规则、办法或者细则，是各项工作的依据，是做好工作的基础，每个成员都要受其束缚和制约。制度是规范幼儿园管理的依据，是幼儿园发展的机制保障，是构成幼儿园竞争力的重要组成部分，制度的执行最终要落实到人身上。

园长在执行制度的过程中，不畏上级权威，不盲从上级领导，坚持秉公执行的态度是值得赞赏的。但从其执行决策的整个过程来看，还需要做出一些改进。

（1）幼儿园要建立健全执行机制。运转有序、科学合理的管理机制是确保幼儿园政策落到实处的重要保障，关键是要健全责任机制和激励机制，以激发教职员工的工作潜能，唤起他们的工作热情。制度是死的，人是活的，在制度的执行过程中，怎样将死的制度活化执行，是每一个管理者管理素质的体现。管理者更要注重教师队伍建设，提高教师素质，使教师把工作当作自己的事业。

（2）要注意制度修订的民主性与严肃性。制度的修订必须坚持民主，要让全体教师参与制度形成的全过程，使之成为大家意志的集中体现。只有这样，才能在执行过程中赢得教师的认同、理解和支持。

（3）要发挥教师主人翁的作用。制度的出台要经教职工集体讨论通过，使制度深入人心；要定期召开教职工代表大会，听取意见和建议，及时完善制度；要健全制度检查机制，通过奖惩措施促进落实；制度面前人人平等，领导者要以身作则，带头遵守幼儿园各项规章制度，"其身正，不令则行；其身不正，虽令不从。"如果领导者们能做到以上几点，制度的执行力将会大大增强。

（案例分析：刘丹阳）

21. 评选优秀班主任

王老师在某幼儿园工作已四年，工作态度较好，要求上进，且善于向老教师请教，在班级工作考核、教育教学评比等方面逐渐达到领先地位。她与另一位老师配合，班级教学工作进行得有条不紊，学生整体素质得到较大提升。在学期工作结束时，区教育局分配给幼儿园一个评选区级优秀班主任的名额。由于这是第一次分配名额，幼儿园决定采取学期总评、平时考核、民意选举相结合的方式，通过评分表的形式选出区级优秀班主任。

这时有老师产生了顾虑，分别与业务园长、园长交流，流露出个人的想法："我建议不要采用评选的方式，这样教师之间形成竞争，会有故意评低分的现象。"园长对此的回应是"工作不是带个人情绪来做的，考评工作还是要继续做，虽然会有个别教师将个人情感掺杂在考评中，但大部分教师还是公平公正的，何况教师们通过整体考评也能够取得明显的进步"。调查表收集后，发现确实存在评低分的情况，然而最终王老师的评分仍位于榜首。这时仍有个别老师嘀咕："王老师所在班级工作的整体提高虽然有目共睹，但也离不开另一个配班老师的功劳，为什么评选她，而不评选另一位老师呢？"但最终，幼儿园还是推选王老师参加了区级优秀班主任的评选。

 思考题

1. 此幼儿园评选区级优秀班主任的方式是否正确？

2. 如果你是园长，你会怎么做？

3. 请运用人力资源管理相关理论，对幼儿园绩效考评的实行状况进行分析。

 案例分析

绩效考评是指采用一定的考评办法，评定员工的工作任务完成情况、工作职责履行程度和个人发展情况等，是人力资源管理的中心环节。只有对员工绩效进行公平、公正的鉴定和评价，才能认定员工的业绩贡献，激发员工的创新精神，改善员工的工作方法，开发员工的潜在能力，最终实现组织的整体目标。

绩效考评一般遵循明确、公开、客观、及时反馈以及差别化的原则。绩效考评有以下几个阶段：

（1）制订计划。计划的制订需要对考评的目的、对象、时间、方法等各方面因素进行综合考虑。例如，学校管理人员的考评不需要学生参与，但是对教师工作和教学效果的考评，如果没有学生参加的话，不可能得到准确、全面的评价。所以，在制订考评计划时需要综合考虑各种因素，才能保证考评的有效性、合理性和科学性。

（2）技术准备。绩效考评是一项技术性很强的工作，其技术准备包括拟定、审核考评标准，选择或设计考评办法，培训考评人员等，以保证考评的规范和有据可循，避免偏差。

（3）收集资料信息。通过不同方法收集资料、形成制度，同时，作为考评基础的信息必须真实、可靠、有效。

（4）分析评价。这一阶段的任务是对员工个人的德、能、勤、绩等做出综合性评价，并全面考虑职务、职位等情况。

（5）进行再审核，确保考评活动的有效性和可靠性。

（6）反馈考评结果。让员工了解自己的工作情况，再结合其他适当方法让员工把个人发展和组织目标的实现结合起来，从而达到提高绩效的目的。

绩效考评时需要注意以下几点：

（1）确定恰当的考评标准，尽可能准确、明白，尽量客观；

（2）根据考评对象、目的等具体情况的不同选择正确的考评方法；

（3）根据工作的特点选择适当的考评时间，充分达到考评目的。

绩效考评要尽量避免考评过程中产生偏差，例如考评标准不明导致的偏差，考评者在考评中可能产生晕轮效应、趋中效应、宽大效应、近因效应、定势效应、对比效应等心理偏差。被考评者的心理偏差也会对考评产生一定影响，如员工存在抵触情绪、考评过程中的拉帮结派等。因此，在绩效考评时需明确评估标准；加强宣传沟通，消除抵触情绪；开展绩效管理培训，提高员工的心理认知；开展员工心理培训，帮助员工健康成长。

案例中的幼儿园在评选区级优秀班主任时采取的办法正是绩效考评的方式，因为是第一次分配到评优名额，幼儿园决定采取学期总评、平时考评、民意选举以及运用评分表的方式选出一名区级优秀班主任。但是这个方式未取得很好的效果，部分老师对结果有异议，而且园长针对此事的回应理由也略显牵强，无法消除老师的质疑，产生了消极影响。

评选之前园长应该遵循明确、公开、客观、及时、差别化原则，按照绩效考评的程序，根据考评目的，召集老师商讨评选的具体办法，制定评选规则和条例，使评选得到教师的公认，也使以后的评选活动有章可循。

制定好标准和规则以后，幼儿园可以按照集体通过的准确、客观的评价标准，运用正确的考评方法进行分析和考评。此阶段不仅要采取学期总评、平时考评等方式，还应该有其他补充的考评方式，例如让部分学生参与对老师的考评，能更准确、全面地了解各位教师的工作和教学情况。为了避免教师之间形成竞争，出现故意评低分的现象，也可以放弃民意选举，采取其他措施和方法。另外，还需加强宣传沟通，最大限度地避免考评者、被考评者等人产生心理偏差。

考评结束，根据考评结果选择最合适的人选后，应当及时反馈考评结果。若老师有疑义，可以进行相应的解释说明，这样考评结果才具有说服力，才能有效消除其他老师的意见和不满。

幼儿园只有以科学的绩效考评理论为支撑，按照以上步骤实行绩效考评，才能在评选、考评过程中做到客观、公正，才能科学、合理地选出区优秀班主任而不至于引起其他教师的质疑和不满，相反还能激励其他老师为此荣誉不断努力，促进教师的进步和发展。

（案例分析：马龙）

22. 该给张老师评优吗

 案例

张老师是老教师，在某幼儿园工作了 6 年，认真负责，关心幼儿，经常放弃休息日进行家访，师幼关系很好。她学有所长，对幼儿心理、生理发展都略有研究，并能灵活运用到教学活动中，因此不仅孩子们喜欢她，家长也赞扬她。

可是，张老师和园内同事间的关系却不融洽。她很少和教研组其他教师交流，业务工作也很少与其他老师配合，她认为只要对学生高度负责，出色地完成工作任务就行，教学成绩主要是靠自己的本事。因此有人说她自命清高，孤芳自赏，孤僻冷漠。对于这种议论，张老师"不屑一顾"，她认为自己无求于人，各教各的学。虽然这种人际关系有时使她心情不好，但是没有影响到她的工作。

园领导认为张老师在关心集体和与他人交流方面确有不足。几次找她谈话，还让她担任年级备课组组长，可是张老师与同事的关系改善很小，组内的教师都对她有不小的看法，所以评优秀教师时，张老师总得不到提名。甚至在调整工资时，对于是否该给她调高一级也有非议。

目前，评优秀教师的工作又将来临，因此，幼儿园各领导分别听取了其他教师对张老师的评价，归纳出张老师教学方面的优点，如工作态度好，师生关系好等，但是张老师的人际关系处理不好，说明其思想水平还有待提高。优秀教师是先进人物，应能带动广大非先进教师前进，张老师显然不具备这种能力，所以不宜被评为优秀教师。最终领导决定推选另一位教师为优秀教师，而没有选择张老师。

 思考题

1. 该给张老师调整工资和评优吗？
2. 该怎样解释张老师的人际关系问题？
3. 作为幼儿园领导，应当如何更好地处理这一评优问题？

案例分析

任何人的付出都需得到相应的回报，合理的薪酬是人们产生工作动机的前提条件，也是影响和决定人们劳动态度与工作行为的重要因素。

薪酬是组织给予个体的一种经济性酬劳，可以有多种表现形式，主要有工资、奖金、津贴和福利等。薪酬的主要影响因素可以分为内部因素和外部因素。内部因素主要有工作量、工作水平高低、技术与训练水平、工作条件、年龄以及工龄。其中工作量是决定员工收入的最主要因素之一，员工承担的工作量越大，对组织的贡献越多，薪酬也应该越高；同时，原则上技术水平越高、受训练层次越高，应给予的薪酬也越高。外部因素主要是指与工作状况、特性无关但对薪酬的确定有重要影响的一些经济问题，如生活费用与物价水平、行业通行的薪酬水平、劳动力市场的供求情况等。

要评价是否应给张老师的工资调高一级主要应考虑内部因素。工作条件、工资与工龄是变动很小的变量，在此次工资调整中可以不计入考虑。从其他三个因素来分析，领导让她担任年级备课组组长，提升其职位了，从学生和家长的反映可以知道张老师的教学水平毋庸置疑，所以从工作量、工作水平上来讲，张老师获得高薪酬是理所应当的。计时支付与计效支付是薪酬支付的两种形式，无论以何种方式发放薪酬，张老师都有充足的理由领取更高的报酬。其他教师反对给张老师工资调高一级的原因主要在于张老师处理不好与同事之间的关系，但同事之间关系的好坏并不是薪酬的影响因素之一，老师们的这种反对是没有道理的。

张老师的业务水平很强，对工作兢兢业业，一贯关心爱护幼儿，经常放弃休息日去家访，其业绩也得到了学生和家长的一致认可。处理不好人际关系固然是张老师的不足之处，但很可能是由于其性格原因导致，幼儿园不能因为其个人性格原因就剥夺她获得优秀教师称号的权利。从教师幸福感和教育管理激励理论出发考虑，应给张老师评优。

教师在广泛的社会关注下工作和生活，面临很多人无法体会的烦恼与压力。过多的工作内容和过长的工作时间、复杂的人际交往、不科学的评价体系等都会造成教师不同程度的压力。幼儿园不能因为教师个人性格的因素而否定其工作成绩。在教师工作压力很大而且不能处理好同事关系的情况下，其自身幸福感已经受到很大影响，幼儿园应该给予教师更多的关心、帮助、理解和包容。

教育管理激励就是在教育管理工作中激发和鼓励人们朝着期望目标采取行动的过程。教师是幼儿园的中坚力量，教师的工作状态是衡量教育管理工作效果的重要指标之一，因而幼儿园领导要慎重对待教师的激励问题。教育管理的激励模式主要有目标激励模式、利益激励模式、参与激励模式、情感激励模式、文化激励模式等。

张老师教学业绩突出，这种工作劲头和工作状态值得每一位老师学习，领导也应采取相应措施使其保持优异的教学业绩。如果取消张老师的评优资格，也就间接表明她的努力工作和教学成果并未得到承认。在众多老师都不赞成把她评为优秀教师的时候，幼儿园应该适当考虑运用情感激励模式，包括理解激励、尊重激励和信任激励，帮助张老师从情感上理解和接受他人的意见。领导也要理解和尊重张老师的性格和处事方式，不能全盘否定张老师。领导的理解和尊重换来的一定是张老师今后更好的工作状态和更强的工作动机，这对教学将是更大的贡献。

关于张老师的人际关系处理的问题，可以从人际关系相关理论进行剖析。首先，构成人际关系的条件有内部条件和外部条件。内部条件包括双方关系、联系中介、互动活动；外部条件包括认知、情感、行为。其次，影响人际关系的因素有外在环境因素和个人因素。外在环境因素包括空间因素、交往频率、行为近似、互补性因素；个人因素包括自我概念、自我坦诚和个人特质。由此可分析张老师与同事关系不好，可能有以下几个原因：

（1）张老师与学生、家长沟通花费了太多时间，没有充足精力再应对同事间的交往。

（2）张老师的自我概念认为自己可以教得很好而不需要别人的帮助，所以难免会疏远同事们，给人一种自命清高的感觉。

（3）交往是双方的行为，所以张老师与同事的关系不好，其他教师也存在一定问题，同时也不排除由于张老师业绩太突出而导致同事们的有意疏远。

（4）幼儿园可能缺少加强教师们沟通的活动，教师们之间的感情沟通也需要一定的空间和联系中介，幼儿园应该适当肩负起这个责任。

所以，张老师与其他老师关系的改善要靠大家的共同努力，张老师也需要适当改变自己的性格，尤其是要学会接纳其他同事，尊重别人的劳动成果，积极向其他老师传授好的经验，帮助他们取得更好的成绩。其他教师则应该给张老师足够的包容和理解，尊重张老师的性格特点，给她足够的空间和时间来融入集体，并多多向张老师学习，共同进步。

教师之间在和谐相处的同时也有竞争压力伴随，领导应适当帮助大家减轻压力，最主要的是要为大家创造时间和空间，以便教师之间沟通交流，并鼓励大家合理竞争，互帮互助，和谐相处，共同进步。良好的工作氛围才有利于教师的成长和幼儿园的发展。

（案例分析：曹春双）

23. 反常的李老师

 案例

李老师为人正直，活泼大方，且热爱幼教工作，精通业务，深得家长和小朋友的喜爱。她也敢于向领导转达群众意见，积极为幼儿园工作献计献策，深得教职工喜爱，年年被评为优秀。可是，最近她无精打采，沉默不语，不接受领导的工作安排，也不参加幼儿园组织的任何活动。这的确不是她一贯的为人之道，究竟是为什么呢？

原来在一次职评会上，会议成员已基本同意园长的方案，当李老师正要说出自己的意见时，园长却制止了她，一是由于时间关系，二则怕她的话有导向作用。李老师认为园长不讲民主，于是开始对抗园长的指令。

（案例编写：张岩）

 思考题

1. 本案例中矛盾的根本问题是什么？
2. 园长负责制意味着园长可以随心所欲地行使职权吗？
3. 为避免此类问题的发生，幼儿园园长在管理中应该怎么做？

 案例分析

办一所好的幼儿园需要硬件作支撑，但更需要软件为底蕴。在这个领域里没有最好，但可以永无止境地追求最好。园长是幼儿园的灵魂，而当好园长的关键在于管理。

管理是通过资源的投入和利用，以期取得最佳效果的一种活动。美国著名管理学家西蒙曾说："管理工作的关键在于领导者，领导艺术的核心在于激励下属积极主动地工作。"幼儿园的管理者要随时了解教师在想什么，有哪些需要，根据教师的需要与实际情况，最大限度地满足其合理需要，从而激发教师的工作积极性。

案例中的李老师为人正直，精通业务，深得家长和小朋友的喜爱，还积极为园工作献计献策，深得教职工的喜爱，从这一点可以看出李老师在幼儿园有相当的影响力。在管理工作中，园长要充分调动有影响力的、优秀教师的积极性，建立和谐的教职工队伍，使每一名教师发挥最大的光和热，这样才能真正提高幼儿园的教育水平，办出一流的幼儿园。案例中由于在职评会上园长采取了强制性权力行使领导职权，没有充分给李老师参政议政的权利，忽略了其个人感受，致使李老师产生消极、对立情绪，不接受领导的工作安排，不参加幼儿园组织的任何活动，阻碍了正常的教学工作的进行。

目前，幼儿园虽然实行园长负责制，但并不意味着园长可以随心所欲，依照个人主观意愿行事，也不能把对人的管理与限制约束划等号。幼儿园教师应该共同参与幼儿园管理，大事决策时采取群众上下共议的"群言堂"。在指挥上，园长应该把工作行为、关系行为和教师的成熟度结合起来考虑，根据教师的不同年龄、不同的成就感、不同的责任心和能力等条件，采取不同的领导行为。对老教师采取充分授权、高度信任的领导方式；青年教师和新教师，由于没有工作经验，幼教理论与具体工作实践没有得到很好的贯通，对他们就多采取说服教育、规定任务的领导形式。在监控上，纪律约束大处从严，并且人人平等；小处从宽，下不为例。园领导要以身作则，对教师尊重、信任、关心、爱护。

在管理工作中，只有着眼于民心，注意处理好管理者与被管理者的关系，尽可能调动、激励人的积极性，才能有效行使决策指挥权；只有把关心人和关心工作、把以人为中心和以工作为中心结合起来，才能使管理工作得心应手。

案例中李老师作为一名业务能力强又有影响力的老师，园长应该充分认识到她的优势所在，充分听取她的意见和建议，让她最大限度地为幼儿园发展献计献策，而不应该直接避开李老师，不顾及她的感受，这样的工作方式不仅容易失去民心，导致员工在工作中消极懈怠，而且忽略教师提出的可能有价值的意见，也是幼儿园工作的一大损失。只有坚持全体员工都参与的公开、公平的方式，才能体现民主管理的原则。

幼儿园的教职员工中，一般是女教师比较多。园长应该对女性的心理特点有比较深入的理解，以避免在具体工作中出现问题。管理女性化的团队，应该强调创设积极的人际关系氛围，注重细微之处见真情，使团队成员之间的价值观念和行为都能相互感染与转化，迸发特有的群体智慧之光。

幼儿园作为特殊的培养儿童发展的场所，园内人际环境的建设显得尤为重要。要想建立良好的人际关系，必须以情感为媒体，管理者要注重运用情感性的管理手段：要清楚地了解教师的心理需要，真心实意地尊重教师；用情感手段激励他们热爱事业和关心幼儿；用情感的力量温暖人心，体贴、关心、帮助教师解决生活中的困难；用诚挚的语言给予教学上的指导；用商量的口吻安排工作……做到以情动人，以爱换心。本案例中的园长应该私下主动找到李老师，承认自己工作中的失误，勇于自我批评，并耐心听取李老师的意见，以坦诚获得李老师的理解，使其理解园长工作中的难处，自愿化解矛盾。

园长在办园过程中处于管理系统的核心、主导和决策地位，因此在管理幼儿园工作时，园长应该多听、善听教职工的意见和建议，体现人本管理的理念，提高教职工的主人翁意识，做到以情生威、以德增威、以才胜威，成为一个让人信服的好园长，让教职工在快乐的工作环境中努力工作，积极向上。

园长还应优化幼儿园人际环境，注重建立和疏通信息沟通渠道。管理者要能用人所长，委职放权，相信教师能够完成任务。如果处处监督提防，不敢放手，大事小事都由自己拍板，则不利于激发教师积极性，容易造成压抑紧张的氛围。此外，管理者与教师还应相互沟通，相互了解，要让每个教师都能充分表现自己，有机会表达自己的意见和建议，建立"人和"、民主的工作环境。

（案例分析：徐莲莲）

24. 提前退休的老教师

 案例

A 园一名老教师 12 月份就到退休时间了。这名老教师属于业务能力不强、爱聊天、善交往的人。临近退休，她对自己更加放松了要求：上班迟到、早退；上班时间串班、聊天；工作消极并在职工中传播消极思想，影响了周围一批教师的工作积极性。最近她又与家长发生矛盾，家长要求幼儿园必须拿出处理意见。

9 月份就要开学了，编班时园长很头疼，把她放在哪儿呢？放在班上，她不好好干，年轻教师也无法开展班级工作；让她提前退休，还有几个一两年内就要退休的教师，到时是否也要让她们提前半年回家；让她打零差，那就更加方便了她聚众聊天，而这必定会影响整个幼儿园的工作。做出合适的选择确实很难。

园长找到了自己信任的一位助手商量对策，决定让这名助手在随意聊天时向老教师透露："你马上就要退休了，家里也需要人照看孙子，你在单位受过公伤，可以找领导商量一下提前几个月回去。"这位老教师听了喜出望外，感到这是一个好主意。很快她主动找到园长，说出了自己的想法。园长说："从前没有这样的先例，不过你有特殊情况（受过工伤）倒也可以考虑，园领导班子研究一下再给你答复。"

于是园长召集了园领导班子会议研究此事，园长说明了老教师的要求，大家觉得她的要求也不过分，因此很快便形成了统一意见：特殊情况特殊对待，可以提前退休，保留一切待遇。这件事研究决定后，在职工会议上进行了宣布，大家也没有什么异议，就这样这位老教师高高兴兴地提前退休了。

 思考题

1. 这位教师提前退休对幼儿园工作有利吗？
2. 如果园长直接决定"让其提前退休"，会是什么效果？
3. 你怎么看园长的这种处理方式？

案例分析

本案例中园长的做法有一定的高明之处，但实际上园长在管理过程中没有真正践行民主，没有把老教师退休的真正原因告知大家，表面上看是将决定权或多或少地交于园领导班子，但实际上是园长一人在掌控整个事态的发展。此外，对老教师的处理方式也欠妥当，提前让老教师退休并离开幼儿园不是最佳的解决方案，不仅对老教师不公平，而且对幼儿园的发展也会带来不利影响。园长并没有从源头上解决问题，没有在教职工当中进行引导、教育，以避免此类事情的再度发生。

老教师相比新老师来说在具体工作中的优势表现在：

（1）经验丰富，无论是专业知识还是教学方面的经验都很丰富。人生阅历本身就是一种无形的财富，他们可以用亲身经历的教训告诫年轻老师什么该做什么不该做。同时老教师处变不惊，能够从容处理一些突发事件，而年轻老师在这方面是远远不及的。

（2）脾气温和。一般年纪稍大的人都比较有耐心，不容易着急生气，脾气好。

（3）责任心强。对年纪稍大的老师来说，学生们就像自己的孩子一样，她们更容易对学生产生强烈的责任感，把学生的事情看作自己的事情。

案例中的老教师之所以会出现职业懈怠的状况，也是由于很多原因造成的。首先，由于长时间从事同样一份工作，职业倦怠在所难免；其次，园长在管理过程中没有很好地照顾到这些即将退休的老员工，如开展丰富多彩的校园生活，多走近她们，关心她们等等。

尽管老教师的工作存在诸多问题，但是让老教师提前退休，势必会影响幼儿园的工作。如果能尽早让老教师觉悟到自己的错误，及时改正，老教师一样可以在工作岗位中发光发热，而且会做得更加出色。现在的年轻老师有激情、有想法、有干劲、敢说敢做，但缺的正是老教师的丰富的经验和可靠的工作方法，因此，新教师特别需要老教师来引路。

有的人认为园长的处理方式比较高明，是基于以下原因：

首先，授意传达让老教师提前退休的员工是园长信任的人，不会将这件事泄露出去，园长用对了人是最关键的。其次，有充分的客观理由允许老教师提前退休，这也是其他几个即将要退休的老师所不能效仿的，因为没有特殊理由就不能有这样的特殊待遇，因此，园长的决策由被动转为主动，更主要的是没有留下后患。最后，当这件事由幕后转为台前以后，园长采取了一系列正规途径，如召开领导班子会议讨论，再向职工宣布决定并解释理由，因此大家没有什么意见。

实际上，园长的做法还是欠妥当的，因为老教师其实是一种资源，也是一种宝贵的财富。只要领导积极探索挖掘老教师潜能的新举措，用心去呵护、尊重、关心他们，理解、信任他们，这些老教师一定会加倍回报幼儿园，发挥余热，把工作干得更出色。那么，怎样才能充分发挥老教师们的余热呢？园长可以采取以下策略：

（1）幼儿园老教师经历了多年的职业磨炼，教学水平高，教学经验多，因此作为领导，要懂得尊重他们，安排工作时不盛气凌人，尤其在细节方面要敬之以诚、晓之以理。

（2）顾及到老教师的面子问题，园长可以私下找老教师面谈，指出其不足，并让其制定改正计划，限期改正。

（3）创新激励机制。积极推行教师聘任制是幼儿园人事制度改革的核心和关键。要建立健全岗位绩效量化考评机制，实行评聘分开、绩效评估等措施，以规范制度来约束教师的思想和行为，激发老教师工作的积极性和创造性，真正在园内形成比奉献、比贡献、比能力、比业绩的积极向上的良好局面。

（4）帮助老教师不断"充电"。要树立终身学习的理念，要求教师积极主动参加继续教育，掌握现代教育理论，转变教育教学观念，更新专业知识结构，帮助老年教师活到老学到老，当好榜样。

（案例分析：徐莲莲）

25. 坚守制度还是考虑人情

 案例

秦老师幼师毕业分配到某幼儿园任教至今，一直在教学第一线。她工作责任心强，工作二十多年从未迟到、请假，所带班级幼儿习惯良好。秦老师还深受家长好评，家长多次写表扬信给园领导对其进行表扬。

秦老师的爱人到医院检查时被查出是肺癌晚期，她女儿马上又面临中考，秦老师整个人都快崩溃了，她找到园长，告知家里的情况并希望请一段时间事假陪护爱人做化疗。当时秦老师带的班级是大班，搭班教师是一位代课教师，而且面临孩子们毕业，涉及幼儿的成长档案、毕业评价、毕业晚会表演等一系列工作。如果同意秦老师请假，工作势必会受到影响；如果不同意，于情于理都说不过去，且秦老师上班不安心，同样也会影响工作。

针对这一特殊事件，园长专门召开园务会商讨如何解决。会上有同志提出：秦老师平时工作认真负责，从未因家里的事请过假、耽误工作，这次应该照顾秦老师，给予一定的陪护假。也有同志提出：对给秦老师陪护假没意见，但幼儿园的规章制度怎样执行？以后有类似情况怎样处理？针对两种不同的意见，园长发表了自己的看法：第一，规章制度是一个单位的"法"。俗话说：没有规矩，不成方圆。幼儿园的考勤制度必须执行，但在执行制度时我们还要考虑一些情感因素。第二，对这件事的处理，全园教职工都"拭目以待"，因而更需慎重。

经过大家讨论决定：同意秦老师请陪护假，当其爱人有其他亲属陪护的时候，希望秦老师可以回园工作；在考勤方面，她不能享受全额出勤奖，但不影响其他奖金评定包括年度考评。同时，园领导还第一时间到医院探望，并经常向秦老师了解其爱人身体状态以及是否需要帮助……后来，秦老师的爱人"走了"，每当提到这事，秦老师都发自内心地说：园领导真好，真正关心老师。老师们也认为：园领导对这件事的处理很恰当，既保证了制度的执行，又体现了人性化管理。后来，另一所幼儿园的园长找到秦老师，希望她考虑调到她们幼儿园负责后勤工作。秦老师谢绝了："我在我们幼儿园不想走了，因为我们领导对我们很关心，我很喜欢我们幼儿园和谐的氛围。"

 思考题

1. 园长在园务会上的发言反映了园长怎样的态度和认识？
2. 为什么秦老师会谢绝其他幼儿园的邀请？
3. 这个案例带来的启示是什么？

案例分析

首先，园长在园务会上的发言反映出园长对幼儿园管理制度的尊重，同时也体现出幼儿园最高管理者"按章行事"的态度。园长认为应该坚决执行幼儿园的考勤制度，指出幼儿园的制度就是幼儿园的"法"，如同规范整个社会的法律一样，幼儿园的各项规章制度也有其特有的权威和约束力，既然已经制定并推行，那么幼儿园全体人员都应该受到管理制度的约束，这一点毋庸置疑。

其次，在尊重制度、遵守制度的前提下，园长强调管理也要考虑实际情况，要考虑教师的情感因素。秦老师提出请假的申请，事出有因，无可厚非，多数教师也表示支持，这就说明此问题的处理一定要考虑实际情况。园长提醒大家一定要考虑情感因素，实际上是强调规范管理时的人性化管理。

另外，园长提到全园的员工都在"拭目以待"，说明园长意识到秦老师的请假不仅仅是其个人的问题。对这一问题的处理，将反映园管理层对幼儿园规章制度执行力以及对教师的关心程度。处理得好，既解决了秦老师的实际困难，也能够起到良好的示范作用，为今后相似问题的解决提供了经验；处理得不好，既伤害了秦老师的感情，挫伤其今后工作的积极性，同时也给员工留下不好的印象，导致今后幼儿园相关管理工作推进困难。因此，妥善处理这一问题对于秦老师个人以及幼儿园今后的管理工作都非常重要。

秦老师坚定地谢绝其他幼儿园的邀请，固然是因为她对教学工作的喜爱，对幼儿园孩子的负责，但最关键的还在于园管理层对秦老师请事假这一问题的处理，真正考虑了秦老师的实际需求，并给予了切实的支持和关心。秦老师完全认可园领导的决定，并深切体会到了园领导管理的人性化之处。她心中充满感激，并且将感激化成工作的动力和为孩子的健康成长、幼儿园的发展而努力的责任心。因此，即使接到其他幼儿园的邀请，她依然坚定回绝，选择继续留在自己的幼儿园。

这个案例带来的启示主要有以下几点：

1. 对组织制度的尊重是管理者决策时首先要考虑的因素

一个组织的健康运行，需要适宜的管理制度保驾护航，而任何制度都必须有其特有的尊严和约束力，才能够真正发挥应有的作用。管理者对制度的尊重，是保证制度尊严和约束力的首要条件。如果管理者忽视制度尊严，按照个人情感和意愿轻率地做出决定，组织的其他成员将对管理者的领导权威产生质疑，工作也将失去正确的方向，最终，管理者的决策将失去指导意义，组织的运行也必然走入困境。相反，如果管理者充分尊重制度，并且其个人也严格按照制度办事，受制度约束，那么制度将对整个组织起到良性的约束作用，组织稳定有序的运行也将得到基本保障。

2. 尊重制度不是死板地执行制度，人性化管理也不是无原则管理

制度约束的对象是组织中的所有个体，而在保证组织正常运行的过程中，组织中的个体仍然会有其他的需求，而且每个个体的需求也是因人而异的。如何解决个体需求与组织需求之间的失衡，是管理者需要考虑的关键问题。作为组织的管理者，当然首先要以组织的有序运行为出发点考虑问题，所以尊重组织制度，按章办事是必须的。但是，个体的需求也要考虑，这也是影响个体对组织的情感和认同的关键因素。因此，在严格执行制度的同时，也要考虑到"按章办事"在哪些层面会对个体的需求造成损害，并及时给予合理的补偿和支持，从而保证个体需求得到满足。

案例中园长虽然批准了秦老师的请假申请，但是也按规定取消了秦老师评全勤奖的资格，这在秦老师自己和全园老师看来也都是合理的。但是，考

虑到秦老师的实际困难，如果仅仅按照"合理"的方式处理，则会伤害秦老师的感情，也会让其他老师"寒心"。因此，园管理层将秦老师的请假对其个人业绩的影响控制在考勤范围内，而不影响其他奖金的评定。同时，园领导主动嘘寒问暖、看望，并提供帮助，给了秦老师莫大的安慰。这些都是对合理制度的有益补充，是人性化管理的体现。从事件最后的发展来看，显然也收到了良好效果。

人性化管理并不等同于人情化管理，而是在尊重组织利益和需求的基础上，充分考虑组织中个体的需求。如果在执行制度的过程中一味追求无原则的人性化，势必会损害组织制度的尊严，造成制度约束力的削弱，进而发展为组织运行的无序，阻碍组织健康发展，最终损害组织中所有个体的利益。

案例中，如果园领导仅从秦老师的需求出发，无条件批准她的请假要求，无视幼儿园的管理制度，虽然从表面上看是"近人情"，但是一定会造成其他老师对园管理制度的质疑，损害制度的约束力。今后如果其他老师也因为各种原因请假，管理者将无法进行有力的约束，幼儿园的发展将受到影响。因此，人性化管理是有条件的。

（案例分析：夏斌）

26. 张老师的调离谁之过

 案例

　　张老师，46岁，中专学历。平时工作认真努力，一丝不苟，连续担任班组长15年，从不计较个人得失，默默奉献。她所带班级的孩子们也发展得很好，孩子们都喜欢她，家长们都信任她。张老师工作能力很强，经常做观摩课，一些论文也获了奖。但是她的学历影响了其职称的评定，导致各种奖励无法获得。当然张老师个人的进步和能力领导都看在眼里，在园内她是骨干，并担任研究组长，园内评选先进时也会特意关照她，由此也引起了一些老师的不满，认为幼儿园就应该严格执行国家规定，不应对张老师有特殊关照。这些言论传到张老师的耳朵里，她的心中有了波动，开始有了调动工作的想法。之后借助亲戚的帮助她找到了新的工作，并向领导提出调动工作之事。

　　领导听说她要调动，一是感到很意外，二来也比较生气，觉得这么大的事，事先应该跟领导沟通一下。园长说："我顶着这么多人的议论给予你这么多照顾，结果你却离开，这不明摆着让我难堪吗？"张老师也满腹委屈地说："是我让领导为难了，我走了您就省得难堪了"。张老师最终还是调离了该园。

 思考题

　　1. 导致张老师调走的原因是什么？

　　2. 领导在处理张老师调动工作的问题时有什么不妥？

　　3. 如果你是这位园长你会怎么做？

 案例分析

　　造成张老师调动的原因主要有以下几点：

　　（1）国家对幼儿园教师职称与学历有明文规定，但是该园在管理过程中显然没有按章执行，必然引起部分老师不满。而老师们的议论则给张老师带来心理压力，这就造成张老师工作的客观环境和主观心态都变得不佳。

　　（2）虽然国家有关于学历与职称的相关规定，但是该园没有采取相应的措施对像张老师这样受制于学历等硬性指标，但各方面非常优秀的老师予以支持。虽然张老师工作能力较强，但是由于没有全园认可的制度支持，所以各种"照顾"都表现为"施舍"，成为"人情"管理。受制于管理要求和制度，幼儿园的"照顾"不能从根本上解决张老师个人的发展问题。

　　（3）长期依赖"施舍"和"人情"维系教师的工作热情和集体认同本身就会使张老师产生不被重视和关注的负面情绪，园领导听说张老师要进行调动时的不冷静反应，更引发了这种长期积压的负性情绪。园领导的责备和埋怨显然没有站在张老师的角度考虑问题，这些都激化了长久以来张老师和幼儿园的矛盾，最终导致张老师调离。

　　园领导处理张老师调动问题的不当之处主要有以下几点：

　　（1）对教师关心不够。张老师在工作岗位上工作15年，各方面表现突出。但是由于学历的限制，导致她的努力与成就不能得到全园认可。开始园领导对她的工作调动一事一无所知，后来知道了也没有尽力补救和挽留，导致最后事情无可挽回。这些都说明，幼儿园的管理者对教师的关心不够，管理工作不到位。

　　（2）本位主义，缺乏换位思考。得知张老师要调动工作后，园领导没有反思自己的"人情"管理和"施舍"式的照顾等问题，而且他生气并责备的原因也不是张老师的离开对幼儿园造成的影响，而是顾虑个人的"难堪"，都表明这是一位本位主义的管理者，缺乏换位思考和自我反思的能力。

　　（3）表面"重情"，实为"无情"。虽然领导对张老师的照顾是一种人性化的考虑，但当她提出工作调动请求时，园领导仅仅考虑到自己的面子，这些都抹杀了他曾经为弥补制度不足所做的人性化尝试，将园领导个人的"无情"完全表现出来。

作为园长，首先要了解张老师的真实想法和需求，认真倾听张老师的困难，以此来确认问题是否是可以解决的，即要确认张老师是不是坚定地要离开幼儿园。

张老师在自己的工作岗位上辛勤工作 15 载，各方面表现很优秀，而且自身年龄也已经不小了，再考虑到在新的工作岗位上可能遇到的不便，有理由相信张老师在感情上是不想进行工作调动的。如果工作调动的事情还有挽回的余地，就要给张老师充分表达的机会，鼓励她说出困难和感受，甚至是对幼儿园及园领导的不满，这些都有利于张老师宣泄自己的负面情绪。园长一方面要安抚其情绪，为后续工作做好准备；另一方面也可以更全面地了解她的困难和需求。

制约张老师发展的最关键问题即她的学历问题。园领导要先肯定她的工作能力和取得的成绩，并表示园领导一直在试图为张老师提供发展空间。取得张老师的理解之后再指出教师的专业化是整个教育事业发展的需求，是幼儿教育领域的发展趋势，不断学习、提升自己的专业化水平，也是教师的责任。同时领导还要向张老师表明，国家的规定是要遵守的，幼儿园以往的"照顾"也是考虑到张老师的贡献而给予其应得的奖励。不过，这些都不足以从根本上改变问题。

在确认张老师有提升学历水平的意愿后，就要着重了解她多年来没突破学历问题的实际困难了。在与张老师进行深入交流后，明确她的各种困难和需求，并且分析幼儿园可以给予的支持和帮助，形成可行方案。之后召开园务会，与幼儿园的管理层沟通确认最终方案，并予以实施。同时，在遵照国家规定的基础上征求全园教师的意见，对幼儿园管理制度进行调整和补充，为教师专业化发展提供制度保障和支持，将张老师的"调动危机"转化成幼儿园教师管理制度的改革和完善的机会、促进幼儿园长远发展的机会。

如果张老师的调动已经不可避免，那么园领导要对她多年来的努力工作表示肯定，对其贡献表示感谢。同时，诚恳地请她说出调动的真实原因，以发现幼儿园在管理制度上的不足之处。之后再与幼儿园其他领导商议，采取合适的形式送别张老师，使其感受到幼儿园全体对她的认可。同时，各种制度的改革与完善工作依然要执行，要以此事为契机，进行制度改革，一方面避免优质教师资源再度流失，另一方面也是为了促进幼儿园的长远发展。

（案例分析：夏斌）

27. 一节美工活动课

 案例

　　小班开展美工活动"手指点画——小蝌蚪"，老师按照事先设计的教学步骤和操作程序先做示范：右手食指蘸黑色颜料后轻轻按压在白纸上，用小毛巾擦手后拿起画笔添上蝌蚪的尾巴。然后老师请个别幼儿再次示范，使所有幼儿巩固新知识。

　　墨翰小朋友按照教师的教学步骤示范完后没有下去，他仰起小脸说："老师，我喜欢这样画小蝌蚪。"说完直接拿着画笔在纸上画了一只空心小蝌蚪，一样憨态可掬，说完仰起小脸等着老师的表扬。老师说了一句"我们今天先不画你这样的，先画老师教的这种"，打发他回了座位。

　　幼儿开始作画了，每个孩子都穿上印有可爱图案的围裙，戴上套袖，伸出小手指点画小蝌蚪，听课的老师也轻轻走到孩子们中间看他们画画。

　　一个小女孩正专注地创作，但是方法和老师的不一样。她用右手手指按压了一只蝌蚪身体以后，没有用小毛巾擦手，而是用左手拿起画笔添上小尾巴，可能是左手握笔的缘故，小尾巴细细、歪歪的，不过仍然充满童趣。她摇头晃脑地自我欣赏一番后，用右手又连续按压了好几只小蝌蚪的身体（还刻意调换了蝌蚪身体的方向），然后擦净小手，抓起画笔给所有没有尾巴的小蝌蚪添上了可爱、俏皮的尾巴，短短几分钟作品就完成了。小蝌蚪们或聚或散，散落在洁白的画纸上，几个听课教师满心喜爱地看着她的举动，用眼神和大拇指向她独具匠心的创作表示祝贺。得到了鼓励，小女孩兴奋地拿起作品想和其他孩子交流，可是此时其他的孩子都在按照教师的要求一步步画第二、三只小蝌蚪。

（案例编写：马玲）

 思考题

1. 如何看待儿童不按老师要求画画的事情？
2. 案例中教师的做法对吗？应该如何做？
3. 在教学中应该怎样解放儿童的思维，培养儿童的创造性？

案例分析

墨翰小朋友和自创方法的小女孩都没有按照老师教授的方法画小蝌蚪，他们的画法体现出儿童的想象力、创造力，是难能可贵的，应该得到重视与提倡，教师不应该压制甚至扼杀儿童这种能力，而应创造环境让儿童淋漓尽致地发挥自己的创造力。

创造性是人类思维的高级状态，是智力的高级表现。幼儿已有创造性的萌芽，表现在其动作、言语、感知觉、想象、思维以及个性特征等各方面的发展之中。一般来说，幼儿通过各种活动表现他们的创造力，如绘画、音乐、舞蹈、制作和游戏等，案例中儿童自创画蝌蚪的方法就是他们在绘画方面表现出来的创造力。

人类已经进入信息时代，世界科学技术的发展日新月异，我们需要不断加快知识创新。教育必须紧跟时代发展的要求，重视创新教育，培养创造性人才。而培养创造性人才需要从小抓起，从幼儿抓起。

案例中教师对儿童自发的创造能力予以忽视，要求儿童按所教授的方法绘画，是一种典型的教师权威，忽视了学生的主体地位，抑制了儿童的想象力。从短期来讲，会挫败儿童的学习积极性；从长远来看，甚至有可能会扼杀儿童的创造力，禁锢儿童的思维，使儿童一味听从他人要求，毫无主见。这与真正的教育是相悖的。

案例中小女孩用自己的方法在短时间内出色地完成了任务，她画的小蝌蚪不但各具特色，充满想象力，而且她的效率比其他按教师要求绘画的儿童更高，这说明教师的方法不是唯一的、最好的，教师需要及时改进教学方法。案例中的教师欠缺思考，其随意否定学生的呆板教学方法是错误的，后果非常严重。

教育的最终目的不是传授已有的东西，而是要把人的创造力量诱导出来，因此创造性人才的培养和造就，需要创造性教育。我们应如何进行创造性教育？

1. 要转变教育观念

皮亚杰认为：好的教学方法可以提高学生学习效率，加速他们的心理成长，不好的教学方法则可能会使幼儿园成为"才智的屠宰场"。要鼓励学生积极参与教学，允许他们发表不同意见。儿童天真、单纯，并有独特的思维方式，教师要鼓励学生积极思考，给予学生发表异议的机会，尊重学生的创造性意见。案例中儿童提出与教师不同的绘画方法，教师不应制止，更不应强制要求学生按他的教法画，而应尊重孩子的想法，让孩子展示自己的才能。

2. 教师自身要有创造性，有求知欲

教师要喜爱创造活动，教学方式要灵活，不论遇到什么情况都能随机应变地处理。孩子刚开始都对幼儿园和学习抱有好奇心和兴趣，但随着时间的流逝，他们对学习的热情渐渐消退，求知欲也会减退。如果教师具有创造活动动机、求知欲强，则学生的创造活动就会旺盛，反之亦然。

3. 要创建良好的环境

教师要为儿童创造力的发展营造恰当的环境，比如设计能够引起儿童好奇心的主题，营造轻松、自由、宽容、理解的班级氛围，鼓励孩子用自己的方法完成教师布置的作业等。

4. 要使用创造性的评价

在培养儿童创造性的过程中，教师要表彰创造性活动，鼓励创造性的发现。在进行评价时，不要着眼于错误、失败，而要重视创造活动的过程，发现创造活动的萌芽，强化创造性思维和行为。

5. 要强调学生的主体性

在传统学习观中，强调更多的是教师的教，强调接受和重复性学习。不能否认教师在教学过程中的主体地位，也不能否认接受式学习和重复性学习在学习活动中的重要性，但在倡导创造性学习的过程中则应更强调学习者的主体性，毕竟学生是学习活动的积极探索者，是学习活动的主人和反思者，也是教育目的的体现者，因此，要把学生放在教学活动的第一位。

6. 要引导学生掌握学习策略

最重要的学习是学会学习，要学会学习，就必须运用积极的学习策略。学习策略就是在学习活动中，为达到一定学习目标而学会学习规则、方法和技巧，是在学习活动中思考问题的操作过程。案例中小女孩用自己的方法画出了形形色色的小蝌蚪，而且用时短，体现了小女孩有自己的认知策略。教师应对她的行为进行表扬，以鼓励她继续大胆创新，开拓思维。

儿童是未来社会的主人，承载着提升国家竞争力的希望，因此幼儿园和教师要充分重视培养儿童的创造力，要尊重儿童的天性，鼓励他们进行创新，从小培养他们的创新意识，增强他们的创新能力，为他们未来的发展创造良好的条件。

（案例分析：何庆丽）

28. 买糖游戏

 案例

元旦时，小一班进行"甜蜜蜜"主题活动。大家用废旧的糖纸包起小石块或者橡皮泥制作出了很多"糖果"，这些糖果能做什么游戏呢？老师把问题交给刚入园半年的小一班宝宝，孩子们讨论得很热烈，有的说可以送给别人，伟伟说咱们玩买糖的游戏吧，大家一致跳起来欢呼："买糖，买糖，可以买糖了！"

在哪里买糖呢？孩子们说是在超市。谁去卖糖呢？孩子们非常踊跃，都想抢着来。老师请森森来卖糖，其他孩子呼啦啦跑上来，纷纷自己拿糖，没有秩序，游戏只好中断了。教师带领幼儿来到超市，让他们实地观察别人是怎样买东西的。

第二天，孩子们在教师的提醒下，在游戏时主动排好了队。他们饶有兴趣地说："我买糖。"卖糖的谦谦说："好，给你。"所有的孩子都是这样。教师也站进队伍来买糖，引起了孩子们的好奇和关注。轮到教师了："请问有橘子味的糖吗？"谦谦先是一愣，然后高兴地说："有，你要几块？""5块，还有别的口味吗？""有草莓味的、西瓜味的，你还要吗？"此时排队的孩子开始窃窃私语。忽然，萱萱小声地说："老师，买糖要交钱！"老师说："哎哟，我的钱不够了！"此时孩子们纷纷抢着出主意："跟你妈妈要。""我爸爸有钱，让他给你。""到银行取钱。"——说这话的是伟伟，他妈妈在银行上班，老师点头微笑表示认可。"看来我们还需要银行，万一小朋友没有钱买糖了，可以到银行取钱。"可是孩子们都没有去银行取过钱，于是教师请家长周末带孩子去银行实践一下。

在教师的帮助下，孩子们在"悄悄话"角区临时搭建了一个"小小银行"，并复印了大量的1元纸币，由伟伟出任银行职员。萱萱第一个来取钱："你好，我要取钱。""好的，取多少？""2块。""请输入密码。"可是没有密码机怎么办，伟伟伸出小手说："假装我的手能摁密码。"大家相视一笑。伟伟给了萱萱2张"钱"，"1，2，对吧？"萱萱乐颠颠地去买糖："你好，我要买2块钱的糖！"

"老师，糖都卖没了，怎么办？"于是大家动手继续做"糖果"。孩子们边做边聊，"老师，上次我把糖给福娃吃啦。"教师说："福娃是2008年咱们北京奥运会的吉祥物。"同同说："咱们做个'2008糖'送给奥运会吧！"这个建议得到所有人的认同，于是创意糖果问世了。

（案例编写：马纲举）

思考题

1. 游戏在幼儿园教育中占有什么地位？
2. 案例中的教师是如何组织指导这个游戏教学的？
3. 在该游戏教学中教师发挥了什么作用？

案例分析

游戏是学前儿童的基本活动，也是其基本的学习方式。组织指导幼儿开展不同类型的游戏，满足幼儿游戏的需要与愿望是幼儿教师教育教学工作的基本任务。

案例中的买糖游戏实质是一个角色游戏，指幼儿以模仿和想象、通过扮演角色创造性地反映周围生活的游戏。幼儿通过使用假装的物品和工具（如自制糖果），模仿自己想要扮演的某种社会角色的动作、语言、态度，反映了一定的社会生活内容。在角色游戏中，幼儿根据自己的意愿决定扮演角色，自由发展游戏内容、切换情节，但幼儿所扮演角色的所有行为都要服从于游戏的主题，角色、动作和规则这些要素都要围绕"主题"，构成角色游戏的基本框架。

案例中游戏的主题是"买糖"，围绕着买糖，幼儿扮演了售货员、顾客、银行职员等角色，并遵守了相应的规则。他们在游戏中不断遇到问题又不断解决问题，不断调整游戏内容和情节。在游戏中幼儿充分表达了自己对生活和世界的认识、体验和感受，表现了自己内心的担忧和冲突、快乐和困惑、期望和愿望。

角色游戏的组织与指导是幼儿园教师教育教学工作的重要内容。由于幼儿缺乏游戏经验，生活经历少，因此在游戏过程中，教师科学合理的指导尤为重要。教师作为游戏指导的主体，必须在尊重幼儿游戏的兴趣和需要的前提下考虑和计划，以丰富幼儿经验，使角色游戏和幼儿园课程、教学有机整合。为此，教师指导和组织幼儿游戏应遵循以下原则：

首先，从幼儿的需要中生成新的主题。教师在角色游戏的指导和组织过程中，应该考虑幼儿的想法、兴趣、需要、困惑、期望，而不是把自己的兴趣、计划强加给幼儿。案例中的教师在组织和指导游戏的时候很好地运用了主体性原则，给予幼儿自己讨论、探索、思考、想象的机会，以确定游戏主题。当小班孩子制作了很多糖果后，教师抛出问题（糖果还能做什么游戏）让幼儿讨论，最终幼儿自己决定玩买糖的游戏。教师并未直接提出游戏要求，而是把问题交给幼儿，幼儿结合自己的需要之后作出决定。有了孩子的主动性才使接下来的一系列游戏孩子们都能够兴趣盎然地参与，使游戏持续进行。

其次，以问题为契机促进幼儿游戏的发展。当幼儿进入新的游戏环境时，往往会在游戏过程中产生新的问题，利用这些问题，可以进一步丰富幼儿的生活经验，扩展游戏内容。案例中的游戏在时间上跨了两周，在整个过程中孩子们遇到了3次问题，分别是：不能排队买糖；到哪里取钱；糖果卖没了。针对出现的问题，教师考虑到孩子缺少生活经验，如果通过说教来制定规则，不如让宝宝通过实践获得的认知更深刻。于是教师带领幼儿来到超市，通过观察和榜样示范，明白买东西要按秩序排队，既潜移默化地使幼儿学习到排队的生活经验，也保证了游戏的有序进行。

再次，充分运用家园合作的资源。案例中的教师请家长周末带幼儿去银行实践，并在游戏中模仿银行职员的工作开设小银行，游戏因此变得更有趣味。在此问题的解决过程中，教师具有家园合作的教育理念，认识到幼儿教育只有发挥幼儿园和家庭的合力才能更好地促进幼儿的发展，教师应该充分争取家长对幼儿教育的人、财、物、时、空等各方面的支持和帮助，将幼儿教育延续扩展到每个幼儿家庭中，由家长辅助完成。

通过案例中该教师和幼儿一起组织、参与买糖游戏的过程，可以将整个游戏教学过程分为以下四个循序渐进的步骤：帮助幼儿确定游戏主题；和幼儿一起创设游戏环境；帮助幼儿扮演角色进入游戏活动过程；组织幼儿讨论、发现问题，丰富、扩展幼儿游戏所需要的经验。

案例中由于幼儿始终保持对游戏的兴趣，以及教师整个过程对幼儿游戏需要的尊重，孩子们积极参与，最后制作"2008创意糖果"成为整个游戏活动的高潮。这使得游戏内容更丰富，为孩子能够继续游戏创造了良好的条件。

正确认识和处理角色游戏中的师幼关系、对师幼双方在角色游戏中准确定位，是合理组织和指导幼儿角色游戏的基本前提。

游戏是幼儿的游戏，幼儿是游戏活动中的自然主体，但这并不意味着教师仅仅作为客体或者无所作为的旁观者存在于游戏活动中。教师虽然往往会以"游戏者"的身份介入幼儿的游戏，然而作为"教育者"的根本属性使教师即使参与游戏也不同于纯粹的"游戏者"儿童。幼儿园游戏活动的教育性，决定了教师应当成为幼儿游戏的主导，而非旁观者。

在这个案例中，教师在活动中起到的指导作用是非常重要的，比如当发现孩子的游戏内容单一时，教师便以游戏角色进入，为孩子做示范，拓宽孩子的游戏思路，从而引发了更有价值的问题——到银行取钱。该教师能够随时捕捉教育契机，把握好自己的角色定位，深入有效地参与和引导，既尊重了幼儿在游戏中的主体性，也满足了教师在游戏中的指导主体性，形成了和谐的师幼互动关系，达到了良好的教学效果。

纵观整个案例可以发现，该教师了解幼儿的身心发展特点，在教育和教学管理中注重幼儿的主体性和兴趣需要，善于运用引导、讨论的方法引导幼儿发现问题并解决问题，同时注重榜样示范而非教条灌输，能够恰当处理师生在教学中交替的主体地位，而且能运用家庭合作的教育措施共同促进幼儿发展。

（案例分析：林检妹）

29. 如何赢得孩子的喜爱

 案例

爱你在心口难开——走进大一班第一天

朱老师怀着忐忑的心情第一次走进大一班，不一会儿，以前的班主任白老师来了，孩子们立刻簇拥过去抱着她说长道短，不肯放手。许多孩子围着她边哭边说："白老师，你不要我们了？你别走……"和朱老师交接完必要的工作后，白老师走了，过了许久，教室里还不时地发出轻轻的抽泣声。

朱老师还没想好开场白怎么说，璇璇小朋友来了。她狠狠地瞪了朱老师一眼后立刻低下头从旁边走进了教室，边走边说："我最讨厌你！"听了这话朱老师心里很难受，看着孩子们埋怨的眼神，她感觉自己像是掠夺了别人的最爱。经过短暂的思考后，朱老师说："大一班的小朋友你们好，我是朱老师，从今天开始我会和大一班的小朋友们一起走过一年的时光，我知道你们很喜欢白老师，虽然她走了，但她的心里会记着你们每一个人，在今后的日子里我会像白老师一样喜欢你们。"孩子们听了她的话没有什么表情。

一上午的游戏后，孩子们的脸上渐渐绽放出了笑容，有些孩子还走到朱老师跟前说："其实，朱老师也挺好的嘛。"整个上午朱老师不停地用余光扫视着璇璇，她坐在椅子上不说也不笑，每一次目光相遇，她总会狠狠地瞪朱老师一眼，然后把脸扭向别处再不看朱老师。那种排斥让朱老师的心里酸酸的。

我的爱对你说——走进大一班第二天

早上接园时，朱老师一看到璇璇就对她说："早晨好，小姑娘！"她又瞪了朱老师一眼，没有任何回答，走进了教室。旁边的小朋友看到了，对她说："你不说老师早晨好，没有礼貌。"没想到璇璇对那个小朋友说："不说怎么了？我不能背叛白老师！"

上计算课时，朱老师不时地用余光关注璇璇，发现她也被课堂上的游戏牵动着，但似乎不愿意表露出来，只要与朱老师目光相对，她就立刻低下头。分组游戏时小朋友都争先恐后地举手，朱老师第一个就叫璇璇，她想站起来又有些犹豫，思考几秒钟后她慢慢地走了过来。璇璇的计算基础很扎实，每一道题都能答对，朱老师与全班小朋友一起为她鼓掌表示祝贺和鼓励，两天来灿烂的微笑第一次在她脸上绽放出来。

一节课愉快地结束了，好几个孩子围过来和朱老师说话，朱老师看得出璇璇也想围过来，但走了一半她又返回去了。见她这么"为难"，朱老师就主动走过去对她说："小姑娘，咱俩交朋友吧？"她眨眨大眼睛对朱老师说："我想想，我和你交朋友了，白老师怎么办？"朱老师说："你可以继续喜欢白老师，这并不妨碍我们交朋友啊。"她听了这话如释重负地舒了口气说："好吧！"

心要让你听见，爱要让你看见——走进大一班第三天

早上璇璇一来到幼儿园，就跑到朱老师跟前对她说："朱老师早上好！"听了这句问候朱老师很高兴。计算课上只要朱老师有提问，璇璇就立刻举手，站起来声音洪亮地回答。这一点一滴的变化对朱老师来说是莫大的鼓励。

家庭作业同样是璇璇做得最好，作业干净整齐，每一道题都写得很清楚。

 思考题

1. 璇璇刚开始为什么排斥新来的朱老师，又是如何慢慢喜爱朱老师的呢？

2. 朱老师在课堂教学中如何激发璇璇参与的积极性？

3. 迎接一个新班级应做哪些准备？

学前幼儿在与教师互动的过程中容易对和善、熟悉的教师产生依恋情绪，对不熟悉的新老师有一定的排斥情绪。新来的朱老师在面对这种问题时并没有排斥、疏远璇璇，而是在积极处理好全班正常教学的同时，关注璇璇的不适应表现，并采取积极的态度，主动与璇璇交流，在课堂中积极鼓励璇璇，使她放下戒备心理，慢慢接受了新老师。

通常，幼儿对教师的感情，一般经历接受、反应和热爱三个阶段。

（1）接受阶段：在此阶段，幼儿关注教师的一举一动，不讨厌、不反感教师，不回避也不拒绝教师的互动邀请。

（2）反应阶段：幼儿能比较积极地参与师幼互动，有时甚至主动发起师幼间的互动，并对教师产生了深入了解和进一步交往的愿望。

（3）热爱阶段：幼儿初步了解了教师对他们的"价值"，认识到教师对他们的"重要性"，知道教师能够满足他们多方面的需要并且能够给他们带来快乐体验，因而形成了对教师的比较稳定的喜爱之情。当幼儿喜欢某位教师时，就会对该教师产生兴趣、亲近、喜欢、依恋、爱戴、关心、崇拜甚至迷恋等情感倾向。

一般而言，经历这几个阶段需要一定的时间，老师要有耐心。朱老师这一点做得比较好，她一方面积极引导，耐心等待，同时还注意维护白老师在璇璇心中的地位，并告诉璇璇喜爱白老师和再喜爱其他老师并不矛盾，这让小璇璇打消了顾虑，与新老师建立了感情，并积极投入课堂学习。这也说明，要激发学生的学习积极性，首先要建立起师生之间的良好关系。

从理论上讲，幼儿对教师的喜爱具有以下特点：

（1）外露性。幼儿的情绪情感是外露的，幼儿对教师的喜爱也具有外露性，往往不会隐藏，会自然而然地表现出来。比如会主动亲近教师、关心教师、留恋教师，喜欢并积极参与教师组织的教育教学活动等等，因此教师应及时留意幼儿的表情及其变化，以此判断幼儿对自己的感情，调整自己的行为与态度。

（2）易变性。幼儿的情绪情感往往具有不稳定性、易变性的特点。幼儿可能因为教师的一句亲切的话语、一个亲昵的动作而喜欢上教师，也可能因为教师一个疏离的眼神、一句不当的批评而对教师产生厌恶之情。因此教师要细心呵护、不要轻易伤害他们对自己的爱，要注意用幼儿能够感受得到的方式去关心他们。

（3）易迁移性。幼儿喜爱某位教师就会迁移到教师的其他方面，对教师进行模仿，因此教师应树立积极向上的榜样。

朱老师正是抓住了幼儿情绪的这些特点，及时发现小璇璇的情绪问题，积极引导，用自己的耐心和爱心去感化幼儿，用自己的教育教学艺术去吸引幼儿，让小璇璇喜欢上了自己，快乐地在幼儿园学习和生活。

结合这个案例，我们建议教师在接手一个新的幼儿班时，除了与原班级教师做好交接工作，了解班级基本情况外，还要注意做到以下几点：

（1）记住每个孩子的姓名，缩短教师与学生的距离。

（2）了解每个孩子的兴趣与爱好，鼓励他们发展自己的爱好，并为他们提供展示特长的机会。

（3）多讲正面、鼓励的话，以积极的态度帮助学生。

（4）以行动证明对学生的关心和爱护。

（5）公平地对待每个学生。

（案例分析：鲁晓艳）

30. 调班风波

 案例

开学一段时间后，小二班帅帅的妈妈来到幼儿园找园长，说："园长，您给我的儿子调个班吧！我不想让孩子待在小二班了！"按照规定，要求调班是可以的，但是园长希望了解调班的原因。可再三追问，帅帅的妈妈也没说出来，只是支支吾吾地说："我家帅帅刚来园时，可喜欢幼儿园了，可是现在却不愿上幼儿园了！"园长听到这番话后，便没有继续追问下去，决定通过该班老师进一步了解情况。

送走家长之后，园长来到小二班，提醒班上的老师要多关心帅帅。得知这件事后，老师很是不安，认真反思了自己近期对这个孩子的严格管教，并且在以后的日子里对其加倍关爱。但是，对帅帅出现的一些违规行为和攻击性行为，老师却不敢批评了，生怕再引起孩子和家长的不满。一段时间后，帅帅的妈妈再次找到园长说："不用给孩子换班了，孩子很喜欢老师。"当园长再次走进班里，把这一情况告诉老师时，老师却道出了自己内心的困惑和担心。

 思考题

1. 该教师前后两次的做法是否正确，为什么？
2. 园长这样处理家长的问题合适吗？请简要说明原因。
3. 后来学生及其家长的反应和变化会对该教师的思想产生哪些影响？

该教师前后两次的做法都是不正确的，存在一定的局限性。起初，由于老师对学生的管理过于严格，导致家长对老师不满，要求给孩子调班，后来，老师意识到自己在管理中存在的问题，对学生的管理方式有所改变，却走入了另一个极端，对学生的诸多不良行为姑息纵容，过分迁就。前后两次的做法都对教育教学产生了不良影响，甚至影响了孩子的成长及发展。

课堂管理是教师通过协调课堂内各种教学因素有效实现预定教学目标的过程，是一项融科学和艺术于一体的富有创造性的工作。要做好这项工作，教师要了解并遵循课堂管理的一些最基本的原则，使自己的课堂管理行为更科学、合理、有效，以便更好地实现教育教学目标。在课堂管理中，教师要坚持适度和"因材施管"的原则。

一方面，教师对幼儿的管理一定要适度，要求不能过于严格。由于幼儿心理、生理的发展尚未成熟，他们很难认可也无法满足教师的要求，过于严格的要求最终会导致他们对教师、班级产生抗拒和排斥心理，而教师的管理行为也无法发挥应有的教育作用。

另一方面，教师对幼儿的违规、违纪行为不可熟视无睹，姑息迁就，否则即使会得到幼儿暂时的、表面上的认可，从长远来看，也将对幼儿的发展不利，使得幼儿毫无纪律观念，不利于其良好行为习惯的养成，最终会影响其学业进步和健康成长。此外，教师在课堂管理中还要做到"因材施管"。学生的性格特征、习惯行为存在巨大的差异性，教师要有针对性地采取各种管理措施，寓管于教，管教结合，提高教育教学的有效性。

园长对该问题的处理比较合理。由于"调班"问题直接涉及幼儿、家长、教师和幼儿园，处理不好会产生多方面的严重后果，不仅影响幼儿的健康成长和发展，还会影响教师的工作和整个幼儿园的声誉。园长知道问题的严重性，因而处理很谨慎，先是耐心听取家长的看法，并尝试探求原因，表现出对家长的尊重和对幼儿教育的重视；同时深入班级，向教师表明看法，引导教师改变课堂管理方式，体现了对教师的尊重和信任。另外，园长还针对幼儿及其家长的态度变化，及时与教师交流、沟通，再一次体现了园长对教师工作的高度重视和尊重。

但是，园长的做法还存在一定的局限性，主要表现在"调课"问题出现后与教师的沟通及交流上。园长听完家长反映的问题后，向教师提出建议，要求教师更加关心该儿童，这是比较合理的做法，但在这一过程中由于缺乏实际调查，缺乏与教师和儿童的深入沟通、交流，在不太了解现实状况的条件下要求教师改变课堂管理行为，给教师带来了较大压力。

如果园长此时深入班级和课堂调查"调班"问题背后隐藏的深层次原因，帮助教师对课堂管理行为进行细致入微的分析和研究，并适当予以指导，那么教师的课堂管理行为将会更科学，也不会产生后来的诸多问题。可见，由于园长工作的不够深入，本可避免的问题又一次出现，这也正是该园长工作需要改进之处。

从案例来看，调班事件的消极影响主要表现在以下两个方面：

一是教师对自己目前的课堂管理行为无法产生真正的认同感。虽然教师改善了前期管理行为的不足，但却走入了另一个误区，因而也产生了很多问题。毕竟放纵幼儿、迁就幼儿的行为问题，对幼儿未来的成长极为有害。尽管教师的改变得到了幼儿及其家长的积极评价和肯定，但存在的问题不能忽视。教师是课堂管理工作的真实参与者和实施者，对自己的管理行为、学生的表现十分了解，教师在心理上并没有真正认同自己后来看似"改善"了的课堂管理行为。

二是教师对课堂管理的认识和价值判断产生了混乱。课堂管理归根究底是要促进幼儿的成长和发展，发挥管理的教育功能才是课堂管理的本质和目的，不是为了管理而管理，更不是为了迎合幼儿及其家长的喜好而管理。但在实践中，该教师起初本着对幼儿负责、对幼儿严格要求的理念管理，却引起幼儿及家长的强烈不满；相反，当教师放松对幼儿的要求，甚至姑息迁就时，却得到了幼儿及家长的积极肯定和认可。这种情况使得教师对课堂管理的认识和价值判断产生极大的混乱，因而感到无所适从。

（案例分析：沈茜）

31. 亮亮的变化

 案例

李老师班上有个小男孩叫亮亮，性格比较内向，不善于和他人交往。亮亮的父母平时比较忙，很少和孩子沟通。他们认为不能让孩子养成乱花钱的习惯，因此常常拒绝亮亮提出的买玩具、学具等要求。亮亮看到别人有好玩的东西，渴望自己也能拥有，于是常有拿别人东西的行为。李老师多次跟亮亮妈妈提出这一问题，她却不以为然地说："小孩子哪有不犯错误的，没啥大惊小怪的，再说这些东西也不值钱，明天我买来赔给人家就是了。"

李老师分析了家长和孩子的行为后，向专家请教了处理的方法，然后给亮亮妈妈打电话，先表扬亮亮是个懂事的孩子，平时在幼儿园很愿意帮助别人，自理能力强等等，亮亮妈妈生硬的态度有了一些缓和。李老师又给亮亮妈妈分析他这个年龄的孩子都有强烈的占有欲，对自己没有玩过的东西充满好奇，很想马上获得。作为家长，既不能对孩子的这种行为过度反应，也不能姑息放任，一旦孩子养成习惯，就会形成自动化，很难改掉。亮亮妈妈意识到问题的严重，便主动向老师请教如何改正。李老师给亮亮妈妈提出了一些建议：

（1）当孩子想要得到某个物品时，对孩子的合理要求家长要适当给予满足；对孩子额外、过分的要求，不能简单地拒绝，要向孩子说清为什么不给买。

（2）留意孩子从幼儿园带回来的东西，发现不是孩子的东西要认真查问。

（3）当孩子拿了别人的东西回家时，不要呵斥他，更不能说孩子是"小偷"、"坏孩子"，要以正面教育为主，给孩子讲道理。

（4）经常给孩子讲一些小故事来教育他，也可以用盗窃犯罪受到法律制裁的事例来对孩子进行教育，使孩子改掉坏毛病。

通过谈话，亮亮妈妈诚恳地表示一定和老师配合，加强对孩子的教育。

李老师为了帮助亮亮改掉坏习惯，在班级设置了"失物箱"，让亮亮做管理员，并请亮亮妈妈加以关注。自从亮亮担任管理员后，不仅懂得了谁的物品应该还给谁的道理，还体验到拾到东西要交还、做诚实的孩子的自豪感。从那以后，亮亮再没有拿过别人东西，李老师和亮亮妈妈看到亮亮的变化都非常高兴。

（案例编写：韦飞灵）

 思考题

1. 当幼儿出现行为问题时教师应当如何处理？
2. 教师与家长应当如何沟通？
3. 对幼儿乱拿别人东西的行为应当采取怎样的干预措施？

案例分析

教师对孩子的问题要有专业视角的理解。像亮亮这样的孩子并不少见，教师作为专业人士，要正确对待和认识幼儿的种种不良行为，分析行为背后的原因。幼儿拿别人的东西可能是由内部和外部两方面的原因造成的。

内部原因主要是指幼儿对自己和他人的认识还没有发展完善，学前期是幼儿自我意识萌芽和发展的重要时期，因而幼儿往往存在"自我中心"的心理和行为，没有"物权"的概念，分不清"我的"、"你的"，会出现拿别人的东西却没有意识到行为错误的现象。

外部原因主要是指家庭的教养方式，家长对幼儿拥有物品这一问题上的过度溺爱或者严格，都可能导致幼儿拿别人东西的行为。对幼儿过度溺爱和满足可能会让幼儿对所拥有的物品没有概念，将别人的东西也视为自己的；严格控制或拒绝幼儿获得想要的物品也不利于幼儿的成长和发展，可能造成幼儿的自卑心理和虚荣心。因此教师和家长不能简单、贸然地将幼儿拿别人的东西判断为"偷窃"行为，给孩子贴上"小偷"的标签，这样会给幼儿幼小的心灵带来难以承受的压力，使孩子的自尊心受到严重伤害。

当孩子出现"偷窃"行为时，教师首先要看清问题背后的原因，然后积极寻求解决问题的途径和方法，妥善处理。要讲究教育策略，既不能大动肝火、责骂、羞辱，甚至体罚，也不能放任自流，不了了之，而必须根据行为产生的原因，采取正面教育。

案例中，教师对亮亮的行为进行了分析，认识到亮亮拿别人东西的行为是由于平时对物品的要求在家里得不到满足而导致的。但教师一开始的处理方式仅仅是向家长说明亮亮的行为，让家长去教育和管理孩子，并没有提出解决问题的有效方案和途径，也没有与家长形成良好的沟通，结果导致家长最初的误解和不配合。

家园的良好沟通和密切合作是幼儿园教育教学活动有效进行的重要保障。除了在幼儿园加强对幼儿的引导教育外，园管理者可以通过家长开放日、家园集体活动、家长讲座等方式，促进家长与教师的沟通与合作，让家长了解园内的教育教学、日常管理情况。通过家庭教育理念和方法的宣传指导，提高家长的教育能力。教师在其中起主导作用，同时需主动与家长沟通合作。另外，由于各个家庭的实际情况不同，大多数家长工作繁忙，不能经常参加家校互动活动，因而除了组织一些集体活动外，教师还应注重对家长进行个别指导及日常随机指导。

在沟通过程中，教师要注意技巧和方式，避免单一的工作方法。比如案例中，一开始教师直接向家长指出幼儿的问题，但没有家长愿意承认自己的孩子有问题或不够优秀，这种直接的做法不仅会伤及家长的面子，还会让家长觉得教师是在告状或者推卸责任，不利于解决幼儿的问题，还有可能引发教师和家长之间的矛盾。所以，教师在与家长的沟通合作中，要从情感入手，坚持"一切为了孩子"的理念，与家长进行友好的沟通交流，帮助家长一同分析幼儿不良行为的危害，找到幼儿行为产生的内部根源。

从案例中可以看出，教师改变与家长的沟通方式后，家长的态度变得缓和了，也改变了以往对孩子行为的放任态度，认识到孩子拿别人东西这一问题的严重性，并主动向老师请教如何改掉孩子的习惯。

在幼儿园教育教学中，家园沟通是必不可少的。从案例中能够看出，同样的事情，同样的人，不同的处理方式会产生截然不同的结果。由此表明，交流方法得当，问题就会迎刃而解或"化干戈为玉帛"；方法不当，只会使问题复杂化。交谈是一种近距离的沟通方式，如果家长和教师能在相互尊重的前提下多沟通、多体谅，共同寻求解决问题的方法，其结果必定是双赢的。在遇到幼儿拿别人东西的情形时，以下几点需注意：

首先，教师和家长要有清晰的思维和辨别能力，面对其他小朋友的投诉，作为家长或老师应该仔细调查，弄清楚幼儿是否如别的小朋友所说拿了别人的东西，而不应直接惩罚。要分清楚各种状况，不要随便给孩子贴上"小偷"的标签，避免给孩子的心灵造成伤害。

其次，在仔细调查确认孩子确实出现了拿别人东西的行为之后，家长或教师应该听听孩子的说法和解释，了解孩子行为的深层原因，也反思自己在教育孩子方面存在的缺陷与不足，并根据具体的原因选择相应的对策。案例中，幼儿喜欢拿别人的东西是由于家长对幼儿拥有物品的限制过于严格，孩子很少能得到自己想要的物品，于是对别人好玩的东西也渴望能够拥有，就产生了拿别人东西的行为。

最后，家长和教师要针对幼儿的问题采用合理的方式来解决。案例中教师给家长提了一些建议，比如适当满足孩子的要求、留意孩子的行为、用小故事来教育孩子，并采取了一些措施，如让孩子做幼儿园"失物箱"的管理员等，这些做法在保护孩子自尊心的前提下，对幼儿起到了很好的教育作用，使幼儿改正了随意拿别人东西的行为。

（案例分析：艾浩）

32. 让孩子远离焦虑

 案例

幼儿园中班有一个名叫湘璐的女孩总是表现得很内向、胆小，从不主动与老师和小朋友交流，上课时也从不主动回答问题，被老师提问时畏畏缩缩地说不出一句话来，后来有的老师干脆就不叫她了，她自己则越来越沉默、孤独。湘璐的表现引起了该班张老师的注意，经过观察，张老师发现湘璐其实很聪明，爱看书，爱听老师讲故事，同时也发现她有一些不好的习惯，例如在别人靠近时会下意识地做出用手护头的动作，此外还总是吮手指。

有一次，湘璐家长给她的手指上涂满了蓝墨水，特地嘱咐老师们不要让她洗手，以减少她吃手的行为。起初她极力忍着，可后来手指上的墨水还是被吃得干干净净。吮手指已经成为她最顽固的坏习惯，而家长和老师的批评使她更加不安，又开始吮手指以寻求安慰，由此进入恶性循环。于是张老师尝试从内因（幼儿自身因素）和外因（家庭环境）两方面进行分析来帮助她。

首先是幼儿自身的原因。张老师根据湘璐"抑郁质"的气质特点，在进行教育工作时尽量采取措施对她区别对待。如鼓励她多参加集体活动，多和其他幼儿交往，多表扬她的成绩，以树立其自信，激发她参与活动的积极性。其次是家庭原因。湘璐父母平时工作很忙，孩子经常由爷爷、奶奶、保姆带着，孩子需要经常适应不同年龄、性格特征的教养人，与父母交往的需要被忽视，缺乏玩伴……这都对湘璐的社会化发展造成了不良影响。尤其是父母与孩子交流很少，导致孩子的感受和压力无处表达，只能通过吮手指来减轻自身的焦虑情绪，久而久之，这个习惯越来越顽固。加上小时候被保姆不小心烫伤过，所以她对出现在身边的生人特别戒备，生怕别人伤害自己。

通过一段时间的观察、交谈及家访，张老师针对湘璐焦虑行为产生的原因和表现形式，决定以鼓励的方法入手，引导湘璐融入集体生活，转移她的注意力，化解她的焦虑，分阶段进行矫正。

第一阶段：与家长沟通，提醒家长注意千万别因为忙而放弃陪伴孩子的时间。在园里教师对她吮手指的行为不再刻意强调纠正，只给予一些暗示，逐渐消除孩子的紧张感，并用行动来鼓励她。渐渐的，她开始和周围的一些小朋友进行简单交流了。

第二阶段：想办法占用孩子双手，转移孩子的注意力，并请家长配合，培养其意志品质。在幼儿园里引导鼓励湘璐去做自己喜欢的事，如搭积木、玩插塑、画画等。在家里，张老师指导湘璐的父母也采取一些有效措施改掉孩子的坏习惯。

第三阶段：关注、尊重孩子，使其在集体中变得乐观、合群。经过一个学期的关注与指导，湘璐在减少不良行为的同时也逐渐开朗起来，在集体活动中不再退缩，逐步建立了自信心，并对他人产生了信任感，习惯性的用手护头的动作也不知不觉地消失了。

（案例编写：张瑞）

 思考题

1. 案例中张老师的做法为何有效？
2. 幼儿产生焦虑的可能性原因有哪些？
3. 教师应如何有效应对幼儿焦虑问题？
4. 针对上述问题，幼儿园应如何做改进？

 案例分析

案例中湘璐的一系列异常行为正是幼儿焦虑的体现，而导致焦虑的因素很多，其中最主要的有家庭、幼儿园和幼儿自身特性等。

家庭因素体现在环境和家庭教养两方面。幼儿所处的环境会对幼儿造成

很大影响，不良的家庭环境是诱发幼儿焦虑症的重要原因。如果幼儿所处的环境突变会给幼儿造成心理上的刺激，使幼儿失去安全感，产生紧张焦虑、畏惧等不良情绪，如得不到成人及时、有效的疏导，久而久之便会导致幼儿焦虑症的产生。

家庭教养方式是家长教育观念和教育行为的综合体现，不同的家庭教育方式会产生不同的教育效果。如果家长的教育方式不当，也会直接导致幼儿焦虑。

幼儿园教育也对幼儿的成长起着非常重要的影响作用。教师的教育方式，包括教师如何和幼儿交往、如何对待幼儿的要求、如何管理幼儿以及怎样运用奖励等都会对幼儿造成一定影响。另外，如果家园教育不一致，令幼儿感到无所适从，也会导致幼儿产生焦虑情绪。

同时，幼儿受其身心发展的制约，生存和适应外界的能力较差，挫折承受力也普遍偏低，敏感的幼儿在遇到挫折时的失败体验会带来焦虑、沮丧等情绪。此外，幼儿自身的先天气质等也是影响儿童焦虑形成的重要因素。面对同一种刺激，不同幼儿会有不同的反应和应对措施。案例中湘璐敏感、内向、胆小，因而张老师分析湘璐具有抑郁气质，并由此更具针对性地进行教育。

湘璐焦虑情绪的形成是上述因素交互影响的结果。不稳定的家庭环境，与父母交往的需要被忽视，缺乏玩伴等，都对湘璐的社会化发展造成了非常消极的影响。湘璐家长在孩子手上涂墨水来试图消除孩子吮手指的坏习惯，这样的方式是专横而具有威吓性的，并且没有考虑从根本上来解决问题，所以是无效的，反而导致湘璐越来越胆怯，越来越孤僻，以致形成了恶性循环。湘璐本身是抑郁气质，若再采用批评、威吓的手段恐怕只会适得其反。

因此，教育工作者一定要从问题的本质出发，找到引起幼儿焦虑的根本原因。首先，教师要以充分的耐心和饱满的热情来对待有焦虑情绪的幼儿，要对幼儿多加肯定和尊重，让他们感受到温暖和支持，在幼儿园营造良好的心理环境。案例中张老师很好地运用了这一点，采用循序渐进的方法得使湘璐慢慢树立起自信心，对周围的人不再那么戒备，慢慢融入到集体当中。

与此同时，教师还要注重与家长的沟通，了解孩子的家庭环境和家庭教养方式，并以恰当的方式指导家庭教育，使家庭为孩子营造良好的心理环境，家园配合共同使孩子形成良好的心态和情绪。张老师在了解湘璐的家庭背景后努力与其父母进行沟通，引导他们从根本上改掉孩子的坏习惯，缓冲孩子的焦虑情绪，这一思路是正确有效的。

此外，由于幼儿气质与其焦虑症状的关系密切，当幼儿出现不同的焦虑症状时，应针对幼儿的气质特征，采取恰当的教育措施。父母和幼儿园教师在教育孩子的过程中，首先应该了解和掌握幼儿的气质特征，再制定相应的教育策略，对孩子不断引导和帮助，使其情绪健康发展，免受焦虑情绪困扰。案例中张老师针对湘璐抑郁气质的特点，在教育时尽量对她提出不同的要求，采取适当措施，区别对待。

幼儿园针对幼儿焦虑的问题可以对园管理做出改进。

首先要提高对幼儿园教师的要求和标准，加强对教师教学的监督，保证教师对幼儿保持积极、热情的态度，且为幼儿营造公正、和谐的群体氛围；定期对教师进行心理培训，使教师在工作中能及时发现幼儿的心理问题，并及早做出纠正。幼儿园教师是园中与孩子最亲近的人，只有保证他们的行为和教育方式的正确性，才能让孩子们在幼儿园有一个良好的心理环境。

其次，加大与家长的沟通力度，定期召开家长会，充分了解幼儿家庭环境和家庭教育背景以及孩子在家中的动态。在此基础上对家长进行家庭教育方式方法的指导，确保幼儿家庭教育的正确性。同时要求家长尽量与幼儿园保持教育的一致性，共同促进孩子更好地发展。也可开办家长讲堂、家长沙龙等家长教育和相互交流的课堂，为家长讲解幼儿心理学，使其了解孩子的行为和相对应的心理状况。家长间也可以分享教育经验，以此方式使家庭教育与幼儿园教育相辅相成，开成合力，发挥教育的最大效力。

（案例分析：梁倩倩）

33. 玩泥巴游戏

 案例

小班正进行主题活动——"试试看真有趣"。

活动背景：孩子们对水、沙、石子这些自然物充满探究的欲望，因此幼儿园准备结合主题活动，开展有趣的玩泥游戏。

活动准备：在游戏开始之前，教师在户外树阴下准备了六盆泥土、小铲子、耙子以及六小桶水。在活动室里准备了六张塑料桌布、老师团好的大泥团，还有若干水果盘。运用多媒体课件，同时播放优美的背景音乐——《童年情景》。

活动过程：

开始玩游戏时，孩子们看着黑黑的土有些发愣。"咱们用手摸一摸，感觉土是什么样子的？"在老师的召唤下，孩子们把手伸进了土中，"硬的。""弄得手疼。"教师又问："闻一闻土是什么味道？""臭味。""很黑。""对，我见过的黑水就很臭。"

和泥游戏开始了，有的小组慢慢往土里倒水，有的小组干脆把一桶水全部倒进土中，因此有的小组的土变成了泥浆，孩子们边搅拌边叫喊："呀，好脏啊！"听到叫喊，没有一个孩子愿意碰泥巴了。老师见状，便把手伸进泥中："老师最喜欢玩泥巴了，看老师用手来和泥，又快又好玩。"老师的适时介入使大部分孩子把手伸进了泥巴，玩了一会儿高兴地说："泥巴真好玩！""泥巴好滑呀！""泥巴凉凉的。"

看着孩子们慢慢进入游戏角色，老师对一开始不肯用手玩泥的小朋友进行了及时的表扬鼓励。

"一鸣也能用手来玩泥了，好玩吗？"老师问手上粘满泥巴的"小公主"一鸣。

"不是我弄脏的，是赵泽昆把我的手弄脏的。"一鸣撅着小嘴很不高兴地说。

"没关系，你瞧老师手上也有泥。"一鸣可不管这些，认真地把手上的泥巴一点点抠下来。

通过玩拍泥、甩泥的游戏，孩子们渐渐喜欢上了玩泥巴。大家顾不得泥巴的"脏"，全身心体验着泥巴带来的快乐享受。坤坤，一个最听妈妈话的乖女孩跑过来说："老师，衣服弄脏了，妈妈会批评我的。"

泥塑活动开始了，孩子们看着大大的泥团不肯下手。"试试看谁能用泥捏出自己喜欢的东西来。"老师启发着。"用橡皮泥我会，泥团太大了。""那三个小朋友一起分开一个大泥团好吗？"孩子们在老师的引导下，将泥巴分成小块，捏出了小蛇、小鱼、小人、馒头、雪糕等各种自己喜欢的物品。

（案例编写：李丽华）

 思考题

1. 案例中的幼儿为什么一开始对玩泥巴游戏不感兴趣？
2. 案例中的教师是如何组织指导这场游戏的？有什么不足吗？
3. 案例中的教师在教学中要如何改进？

 案例分析

"玩泥巴游戏"本是一次生动有趣的活动，教师预设泥巴会给孩子带来美好的体验，事实却是孩子们嫌弃泥土，说"脏"、"臭"、"妈妈会批评的"。教师费了不少周折才使游戏进行下去。出现这种现象的原因主要有：

1. 社会环境

随着社会进步和文明化程度的提高，城市孩子居住的环境中到处是高高的楼房，干净的水泥路，就连树木也被精心用砖砌成方格保护起来。孩子们从蹒跚学步到长大很少接触到泥土，幼儿亲近大自然的机会非常少，甚至可以说是被剥夺了。因此，案例中的幼儿面对老师精心准备的泥土并没有表现出惊奇和欢喜，在老师的引导下他们才慢慢参与游戏，但是参与的热情并不高。

2. 家庭教育

当代家长特别重视对孩子的培养与教育，不惜花钱为孩子买高科技玩具，却不赞同孩子接近土、沙、石子等自然玩具，日常生活中也给孩子灌输自然的东西很脏的观念，剥夺幼儿接触自然的机会。在潜移默化的影响中，孩子们知道了"土很脏，不能玩；地很脏，不能坐"。如案例中小女孩的衣服被泥弄脏了，她担心妈妈会批评，孩子们对自然界的好奇与渴望就这样慢慢地被抹杀了。

3. 幼儿园自然教育的缺失

如今很多幼儿园一味追求高质量的园所设施，把操场硬化、美化，很少能给孩子留一片未开垦的土地。同时教师按照教学计划进行正规教学活动，不能主动让幼儿在自然和生活中大胆尝试与探索。有些老师顾及家长的反映"今天孩子怎么这么脏"，于是将一些活动取消；有些老师以"材料不太好收集"为借口，将活动改成玩橡皮泥，造成了案例中孩子说只会用橡皮泥捏东西的结果。总体而言，幼儿对自然界缺乏探索发现的机会，甚至排斥自然界的东西，是游戏难以推进的原因之一。

游戏是幼儿的基本活动，幼儿在游戏中认知活动最活跃，在游戏中可以获得大量社会和自然体验。教师拥有丰富的知识和生活经验，但是在指导幼儿游戏的过程中，未必所有教师都了解如何干预才更有利于幼儿的学习和发展，那么教师应该如何组织幼儿游戏？在游戏中应当扮演什么样的角色？澄清这些问题尤为重要。

1. 游戏开展之前了解幼儿的需要和兴趣

教师在开展游戏之前必须了解幼儿的需要和兴趣，虽然儿童心理学的教科书上提供了每一年龄阶段幼儿的一般特征，如按照幼儿心理发展特点，小班幼儿对玩沙、水、泥土等结构游戏很感兴趣，但是事实证明不尽其然，主要由于幼儿所属家庭环境以及所在地区的社会文化背景、生活经验的不同，以及遗传、个性特点的差异，导致其身心发展水平和学习兴趣需要也不相同。教师必须了解和掌握每个幼儿的特点，才能使教学和课程适合于具体的幼儿班级及幼儿。

案例中的教师在开展活动之前，并没有充分了解幼儿对玩泥巴的兴趣，而是按照自己的教学计划以及自己玩泥巴的愉快经验想当然，没想到幼儿参与游戏的热情不高甚至畏怯、排斥。教师如果能在开展玩泥巴游戏之前组织幼儿讨论对泥巴的看法，调查他们是否愿意玩泥巴，并通过恰当方式消除幼儿对玩泥巴的排斥，让幼儿对泥巴有正确科学的看法并做好充分的心理准备，那么活动能够开展得更成功。

2. 为幼儿创设良好的游戏环境

游戏是幼儿基本的学习方式，为幼儿创设良好的游戏环境就是创设良好的学习环境。通过为幼儿创设游戏环境，一方面可以使幼儿在游戏中积极主动地学习，另一方面可以使幼儿的游戏成为"有社会文化内容的学习活动"。案例中教师为玩泥巴游戏做了较充足的准备，如游戏之前准备了泥土、小铲子、小桶水以及塑料桌布、多媒体课件、背景音乐等，可以看出教师为幼儿创造了良好的游戏环境。

3. 教师在游戏中要恰当指导

教师指导游戏的过程是一个连续的决策和反思的过程，指导的方式方法、时机等都是教师需要决策的基本问题。

指导是必要的，教师要在指导之前通过观察了解幼儿对当前活动的兴趣、已有的经验和问题。可以站在旁边看、听或者和幼儿交谈，也可以与幼儿共同游戏，进而确定指导的时机以及程度。案例中教师发现幼儿对着黑乎乎的土发愣，确定这个时候必须介入以指导幼儿游戏，于是她用积极的语言引导幼儿用手感觉土。在教师的指导下幼儿开始参与游戏，把手伸进泥土并开始玩耍。

教师的指导时机也决定了游戏的指导效果，而确定什么时候是指导幼儿游戏的恰当时机往往是一件很困难的事情。教师要学会等待，不要急于用自己的想法和标准要求幼儿，代替幼儿思考、探索与创造，要学会在等待中抓住教育时机。

案例中当幼儿在游戏中觉得泥巴很脏，不愿意碰时，教师以身示范，把手伸进泥中，还说"老师最喜欢泥巴了，用手和泥，又快又好玩"。教师适时的介入使大部分孩子把手伸进了看起来很脏的泥巴，在玩的过程中体会到了快乐和愉悦。

确定了指导的必要性和时机之后，教师还要考虑用什么样的方式方法进行指导。教师可以参与幼儿的游戏，成为"游戏者"，还可以站在幼儿游戏之外，以教师的身份指导幼儿的游戏。但不管是以"游戏者"还是"旁观者"的身份去指导幼儿游戏，都可以采用多种形式，如言语、榜样示范等。案例中的教师采用了语言积极引导、榜样示范的方法对幼儿的游戏进行指导，既以教师的身份指导幼儿的游戏，又以游戏者的身份适时参与幼儿的游戏。

总之，案例中游戏过程时幼儿参与性不高有其客观原因，但从幼儿园教育教学层面来讲主观原因还在于教师，关键是教师如何组织实施教学内容，是否能够清楚地掌握实施方法并且恰当地指导幼儿的游戏。只有每个环节都落实到位，游戏教学才能得到有效实施，幼儿也才能从游戏中获得全面发展。

（案例分析：林检妹）

34. 麦尔丹江的脏耳朵

 案例

古丽老师，26 岁，毕业于某市幼儿师范学校，很优秀，在舞蹈、乐器方面有很强的专业功底。

她从幼师毕业来幼儿园工作，由于性格活泼开朗，工作认真负责，深受小朋友的喜欢和家长的认可，工作刚满一年就成为了学前 2 班的班主任。

每年 7 月，幼儿园都要开展全体教师听课、评课活动。一个周二的下午，园长和一些老师来到学前 2 班，听幼儿生活能力课，主题是"争做卫生小标兵"。古丽老师用生动的表情和柔和的语言描绘着"卫生小标兵"的选拔标准，当她讲到手、耳朵、衣服要保持干净整洁的时候，全班小朋友都把手放在桌子上端详起来。古丽老师微笑地看着孩子们，突然视线停留在一个小男孩身上，并皱起了眉头，原来麦尔丹江小朋友的耳朵很脏。她看了一眼便说："大家看，麦尔丹江的耳朵多脏，他不洗干净耳朵是不可以当选'卫生小标兵'的。"

麦尔丹江的脸一下子就红了，低下头摆弄着自己的手指，听课的老师们都感觉有些紧张。三十几个孩子看着麦尔丹江，有的是好奇，有的是同情，还好没有孩子幸灾乐祸。古丽老师觉得这样的做法很成功，在她看来，麦尔丹江以后是不会再带着脏耳朵来幼儿园了。听课的老师们也觉得全班小朋友基本上掌握了课程内容，却忽视了坐着一动不动的麦尔丹江，更没注意到他难过的心情。

第二天，麦尔丹江没有来幼儿园，但老师们并没有察觉到有何异常，因为当天还有其他两个男孩也没有来园上课。第三天，麦尔丹江来幼儿园了，他穿了一件白色衬衫，头发剪得很短，耳朵和手都洗得很干净，但显得非常紧张。古丽老师只发现了他干净的耳朵和手，却没有觉察到他的那份紧张。汉语课上，孩子们熟练地背诵着学过的儿歌，只有麦尔丹江站着一动不动，还把头垂得很低。可这时，古丽老师却以为麦尔丹江太贪玩，没有用心学习老师教的儿歌。

下午放学时，古丽老师特意和麦尔丹江的妈妈进行交流。他妈妈说："昨天早上，他先是不愿起床，又说肚子疼，我想他可能有点着凉不舒服，就把他送到了奶奶家。中午下班后他非要我带他去理发，要求洗头，还一遍遍问我耳朵洗干净没有。我最近单位事多，几乎没时间来幼儿园接他，他似乎很不开心。"这时古丽老师才恍然大悟，来到办公室吞吞吐吐地告诉园长事情的来龙去脉，还要求在全园做自我检查。后来园务委员会就此事进行了讨论，并没有让古丽老师做检查，而是让她写了一份详细的弥补计划书，同时将此事记入了该园教学整改方案。

（案例编写：孟霏）

 思考题

1. 你如何看待古丽老师在幼儿生活能力课上对麦尔丹江的做法？

2. 古丽老师和麦尔丹江的妈妈交流后，为什么会恍然大悟？对她今后的课堂教学管理有哪些启示？

3. 古丽老师应该采取哪些措施弥补自己的错误？并简要说明原因。

案例分析

在教学中对不符合要求的学生予以及时评价是必需的也是极为重要的：一方面，评价可以使个别出现问题的学生了解自身不足，明确努力的方向，以保证整体教学效果；另一方面，对他们的评价会对其他学生产生教育导向作用，使整体教育影响更加持续深刻，培养学生生活能力的课程更是如此。但这些都是建立在正确、合适的评价基础上的，案例中古丽老师不恰当的评价方式带来了诸多消极影响。

由于老师没有充分考虑麦尔丹江内心的真实感受，也忽视了对他的尊重，因而给麦尔丹江的心灵带来了极大的伤害，并产生了一系列"连锁反应"，如不想上学、上课无法认真听讲等。最为严重的是使麦尔丹江的自尊心及情感受到了伤害，让他在同学、老师面前抬不起头，并对老师产生了畏惧情绪。如果这种情况不妥善处理，就会影响他的学习，甚至可能给他的心灵留下阴影，使其厌恶幼儿园和老师，丧失自信，畏惧人际交往，对他日后正确的世界观、价值观的形成及成长发展都极为不利。

教师在课堂教学及管理中必须坚持并重视情感性原则。情感性原则是指在课堂教学及管理的过程中使学生处于积极的情感状态，并培养学生各种良好的情感品质。情感性原则既将调动、感化、激发学生的情感作为手段，又把培养各种情感，特别是高级情感作为课堂教学及管理的目标。

实施情感性原则要遵循以下要求：其一，明确课堂教学及管理的目标，重视对学生积极情感的熏陶和培养；其二，保护学生的自尊心和自信心，尽可能让学生体验到成功的快乐，同时让他们在情感上认识并认可自身的不足；其三，运用情境教学的方式，营造良好的课堂氛围，逐渐形成和谐的班级文化；其四，充分利用师生间的情感交往，以情育情。

古丽老师因为没有意识到情感教育对学生的重要影响而忽略了对学生情感的积极关注，导致未曾预料的后果，并在一定程度上影响了学生的健康成长，是值得注意和思考的。

之后古丽老师恍然大悟，因为她明白了麦尔丹江反常行为背后的原因：麦尔丹江的妈妈最近没时间来幼儿园接他，也无法照顾他的日常生活；麦尔丹江不来上课是因为幼儿生活能力课上老师对他的不恰当评价使得他对幼儿园乃至老师产生了恐惧感；麦尔丹江的一系列反常行为是因为害怕老师、同学再次注意到他。

此案例对课堂教学管理的启示主要包括：

首先，教师要树立正确的课堂教学管理目的。课堂教学管理的最终目的不是管理，而是教育服务，为学生的身心发展服务，这样课堂教学管理的目标就上升到了教育层面，立足于学生的有效学习和主动发展，充分彰显教育"培养人"的本质和内涵。

其次，在课堂教学管理中，教师要树立"以人为本"的思想，时时刻刻尊重学生，爱护学生，尤其是要呵护学生幼小的心灵和自尊心。教师的任何管理行为都应该以促进学生的全面发展和健康成长为根本出发点，都要建立在科学的判断和充分的事实证据基础上，任何主观臆断和猜测都是错误而危险的，会给学生带来极大的伤害和不良影响。同时，教师还要学会换位思考，不能忽视学生的内心感受和体验，要理解他们的痛苦与快乐。

最后，教师要充分发挥课堂教学管理的"助长功能"，最大限度地满足课堂中个人和集体的合理需要，形成良好的课堂学习环境，激励学生参与，激发学生的潜能，最终促进教学目标的达成和教学任务的完成。

为弥补失误，古丽老师应该从以下两个方面做起：

（1）古丽老师应私下找麦尔丹江谈话，主动关心他的生活及学习，并针对自己的不当行为向他道歉，适当地予以解释，请求他的谅解。同时要对麦尔丹江的行为表现重新予以客观评价，使其正确看待自己。这样做主要出于两方面的考虑：首先，老师主动承认错误，不仅是对学生的尊重，也间接起到了道德教育的作用，可以使学生找回自信心，感受到老师的爱和关怀；其次，重新评价学生，可以使他明白自己行为的合理与不合理之处，是一个"再教育"的过程。

（2）召开主题班会，对麦尔丹江的变化予以表扬，并倡导全班同学向他学习。在这个过程中，古丽老师要以真诚的态度和情感影响学生，帮助麦尔丹江在同学面前树立新形象，找回失去的尊严和自信。更重要的是这也是对全体学生的思想教育，可以引导学生的思想道德朝更积极、健康的方向发展，客观上也深化了对幼儿生活能力的教育，培养了他们讲卫生的良好生活习惯。此外，这还将起到一定的行为导向作用，使学生对正确、错误有深刻的认识，对他们日后的成长发展产生重要影响。

（案例分析：沈茜）

35. 如何教育淘气的孩子

 案例

今天刘园长来听小班的语言活动课。杨老师将座位摆成两排，让小朋友自由选择座位坐下。刚开始，小朋友都能认真、安静地听杨老师讲故事，可到提问环节时骐骐有点坐不住了，身体慢慢向下滑，还摇动小椅子，发出"哒哒"的声音，于是杨老师请骐骐来回答问题，因为他没有听清楚老师的提问，所以答非所问。老师暗示他注意听讲，骐骐稍微注意了一点，可是过了一会儿，他又不看老师了，一会儿看看地上，一会儿摸摸衣服，还老是碰碰旁边的晨晨，晨晨被他干扰后，两个人就说起悄悄话来。整个活动 15 分钟，骐骐注意力能集中的最多只有 3 分钟，而其他小朋友都很投入、愉快地参加了活动。

课后刘园长问起，杨老师告诉她，骐骐聪明活泼，但也是典型的自控能力差、坚持性不够、注意力易分散的孩子，而且坐姿习惯差，比较调皮，还会时不时动动坐在旁边的小朋友，影响别人学习。

为了帮助骐骐改掉不良习惯，培养其专注力，使他尽快地融入集体学习中，刘园长和班里老师一起讨论相应的措施。

（1）在集体活动时特别关注骐骐，将骐骐的座位安排在最前面，只要骐骐注意力分散了，老师马上就通过眼神暗示、摸摸头、语言提示等方式及时把他的注意力吸引过来。如果骐骐有了进步，马上进行肯定和表扬，强化他认真听讲的好行为。

（2）尽量让教学活动新颖有趣、动静交替，调动孩子学习的积极性，上课经常请骐骐回答问题，并及时肯定。

（3）因为骐骐特别喜欢户外游戏，课前老师就提醒他，如果上课很认真，爱动脑筋，就带他到外面玩游戏。有了老师的暗示，骐骐会有意识地控制自己。

（4）老师经过观察还发现骐骐喜欢带些小玩具放在口袋里，虽然集体活动时不敢拿出来玩，但总忍不住把手放进口袋里摸摸。要经常检查骐骐的口袋，如果有玩具就先收起来，告诉骐骐首先要好好上课，下课后再把玩具还给他。

此外，老师还及时与家长进行了沟通交流，针对孩子注意力不集中、容易分心的情况，建议家长可以从以下几个方面来帮助孩子：

（1）为孩子创造简单、安静的学习环境，只有在安静的环境中，孩子的心才会逐渐平静，同时发掘孩子对游戏和学习的兴趣，有意识地培养孩子的专心度。

（2）进行一对一训练，尽量多花时间陪孩子进行各种学习活动。

（3）做事情最好分阶段进行，且一次不要太多，时间不要太长。如果孩子专注力延长了，要及时肯定和表扬并逐渐延长做事的时间。

（4）和孩子做一些提高注意力方面的游戏，用静态的游戏培养孩子的注意力，如玩拼图、穿珠子、下棋等。

经过一段时间的家园合作、共同培养，再次听课时，骐骐取得了一定的进步，基本上能认真听讲，坐姿也较安稳，有了一定的学习意识和控制能力。

（案例编写：戴和英）

 思考题

1. 教师在课堂管理中使用了什么策略锻炼幼儿的自控能力？
2. 教师应如何帮助幼儿矫正不良行为？
3. 如何进行家园合作，帮助幼儿成长？

 案例分析

案例中骐骐自控力差，调皮，无法认真听讲，教师并没有采用训斥等惩

罚措施，而是采取了积极强化、与家长合作等有效措施。教师在积极强化中对骐骐表现好的行为及时表扬，适当奖励；同时在活动前避开不良行为产生的外因，如拿走分散骐骐注意力的小玩具等；在家校合作中，教师及时与家长进行沟通并提供建议，训练骐骐专心做事的行为。在多方努力下，骐骐矫正了不良行为，取得了较好的教育效果。

案例主要涉及了以下几方面内容：

1. 应对淘气幼儿

淘气行为是幼儿生理和心理迅速发展时出现的必然又特殊的现象，是幼儿渴望独立参加社会实践的愿望和实际能力间矛盾的反应。淘气行为的产生主要由于以下原因：

• 活动欲望强烈，活动内容相对容易。在幼儿园里，淘气的孩子大多较聪明且精力充沛，而参与的活动内容又相对简单，不能满足他们的活动需求，有些幼儿便会别出心裁地想出新花样。

• 好奇心强，而约束过多。学前儿童活泼好动，好奇心强，如果教师禁止幼儿干这干那，约束过多，其好奇心得不到满足，就会出现突然出击或悄悄进行的行为。作为教师，要以一颗平和的心看待淘气幼儿；要强化幼儿的优点，淡化其缺点，善于发现并利用"淘气"幼儿的"闪光点"；要借助榜样，因势利导；不要以成人的逻辑抹煞幼儿的想法；创造条件，多给淘气幼儿表现的机会。

2. 课堂管理策略

课堂管理是指教师在教育教学活动中通过协调课堂内人际关系，吸引学生积极参与课堂活动，使课堂环境达到最优化的状态，以实现对预定教学目标的协调与控制的过程。课堂管理策略主要包括激励和强化，是在课堂管理中调动学生学习积极性的管理手段。激励指科学运用各种手段，最大限度激发孩子的学习积极性，鼓励学生发奋努力。强化理论由美国心理学家斯金纳等人提出，他们发现在操作性行为中，如果行为结果使其需要得到满足，这种行为便会重复出现并得到增强。运用强化理论来修正人的行为，大致有两种方法：强化和惩罚。

强化是指教师使用奖赏性刺激物以激起学生的某种行为动力。如果这种积极的强化能够满足行为者的需要，则以后在相同情境或刺激下，这一特定行为的出现率就会升高。这是教学管理中运用得最广泛、最直接的方法。惩罚是指当学生行为不当时，呈现一个厌恶刺激，以降低该行为在未来发生的概率。惩罚在用来消除不良行为时虽然容易在短期内收到效果，但有时会带来副作用，使受惩罚者产生畏惧或破罐子破摔的心态，因此教师应慎用。

3. 对不良行为的矫正

对学生的不良行为必须进行矫正，课堂上个别学生的不良行为包括干扰性语言、小动作、互相谈话或打闹等。不良行为不仅会影响学生个人的学习，也会影响课堂秩序、干扰课堂进程，甚至使教学无法进行下去。

有时候学生表现出不良行为是为了赢得教师的注意，哪怕是消极的注意；有时是为了获得同学们的注意和赞赏。教师矫正学生不良行为的主要办法有：语言提示，合理运用表扬，转移注意力，同时配合非言语的运用，如目光、肢体语言暗示等。

4. 协调幼儿园与家庭的关系

"家园合作"是指为了共同的教育教学目标，家庭与幼儿园通力合作，这种合作是无条件的，同时也是相当自由的。幼儿园教育、家庭教育直接影响孩子的成长，二者的协调一致是教育取得成功的重要因素。幼儿园是专门的教育机构，起主导作用，但同时必须取得家庭的支持和配合。家庭教育、家庭影响在孩子的成长中作用巨大，因此教师应和家庭保持密切联系，协同一致地促进学生发展。

在"家园合作"中一方面要鼓励和促使家长主动参与幼儿园活动，提高家长的教育水平，使家长能够接受幼儿园的建议，针对孩子的问题采取有针对性的做法；另一方面要保证交流渠道畅通，教师要主动走访学生家长，与家长一起分析问题原因，寻求解决实际问题的方法，促使学生进步。

36. 孩子烫伤之后

 案例

　　教师组织教学活动前，让幼儿到洗手间的保温桶中接水喝（由于是星期一，保温桶要重新更换饮用水，体育教师要把桶清洗干净后，将开水打到桶中，再让幼儿接水）。

　　下午离园时，一位小朋友的妈妈带孩子找到园长办公室，请园长查看孩子的小手。园长发现孩子的手指肚和手掌都有不同程度的水泡，随后便与后勤副园长联系并简单询问了教师，教师表示未发现此情况，不知道孩子是什么时候烫伤的。

　　园长、后勤副园长带孩子与家长一同前往医院治疗。晚上当班教师和体育教师打电话给家长询问孩子情况，告知家长孩子在幼儿园一天的表现，并向家长道歉，表示今后一定会精心照顾孩子的生活和学习，请家长放心。之后教师多次探望孩子，家长比较满意，没有提出更多要求。

　　事后，园长调查此事故情况，经园务会讨论研究后决定，按照幼儿园事故奖惩制度，扣除当班教师和体育教师的安全奖，也根据教师提出的事故原因是幼儿使用水杯时杯把脱落，以致幼儿用杯子接水时烫伤，因此扣除后勤副园长的奖金。

（案例编写：贾琳）

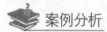 思考题

    1. 这起烫伤事件发生的原因是什么？

    2. 幼儿园这样处理烫伤事件正确吗？

    3. 幼儿园应如何避免此类事件发生？如何改进工作？

案例分析

    案例中，孩子烫伤事故之所以会发生，首先在于园内教师周一换新开水之后，既没有张贴任何警示标语，也没有指导孩子们安全接水。其次，当班教师没有履行好本职工作：（1）幼儿独自接热水本身就是比较危险的行为，容易发生烫伤。幼儿集体接热水时，当班教师理应在现场看护，维护秩序。（2）幼儿烫伤是在白天，直到下午离园，家长发现孩子受伤来找园长，此前当班教师对幼儿受伤毫不知情，表明当班教师马虎大意，不注意观察学生，对幼儿的保护意识较差。最后，杯把脱落是造成幼儿烫伤最直接的原因，说明现幼儿园生活用具管理有明显疏漏，存在重大安全隐患。

    幼儿园对这起事故的处理，主要是对当班教师、体育教师及后勤副园长进行了经济处罚，扣发其安全奖金，这样的处理只能在短时期内起警示作用，无法从根源上防止类似事故的再次发生。从具体工作出发，幼儿园应做到：

    首先，负责更换开水的工作人员，应该在开水壶旁张贴警示标语或图标，提醒幼儿在接打热水时注意安全，避免烫伤。如果是刚换完开水，应该及时与当班教师联系，共同或者由当班教师负责在旁维持秩序，引导幼儿安全接打热水。同时，还应有效控制饮用水水温，避免幼儿烫伤事故的发生。

    其次，当班教师应该本着认真负责、以人为本的态度，关心幼儿生活、学习的点滴。幼儿群体在类似开水房这样容易发生危险的地点活动时，教师应提升安全意识，在现场维持秩序，防止打斗、推挤等行为的发生。在事故发生后教师应及时采取有效的救治措施，努力将伤害程度降至最低。教师还要时刻关注每个孩子的情绪变化、身体状况，发现异常现象要耐心询问、有效处理。幼儿自我保护能力差，有时受到伤害后不敢或不愿向教师求助，对此，教师应加强安全教育，帮助幼儿树立安全意识，教会幼儿安全常识及自

救方法。

最后，幼儿园后勤部门应该更好地履行自身职能，不仅要在采购幼儿生活用具时，严把质量关，保障幼儿生活用具的安全性，并且要及时更换用具，防止类似由于杯把脱落造成幼儿伤害事故的发生。

由此案例可以看出幼儿园及幼儿教师的安全教育意识淡薄，幼儿园应当按照相关管理条例建立健全安全制度，采取相应管理措施，预防和消除教育教学环境中存在的安全隐患，确保幼儿安全。幼儿园的安全管理工作应从以下几个方面着手：

1. 强化安全意识，加强检查

幼儿园工作人员要有高度的责任感。在工作时，应事事以幼儿为中心，本着促进幼儿和谐发展的宗旨，遵守保育和教育相结合的原则。

首先，工作人员要把安全工作放在首位，定期或不定期地通过会议、宣传栏、典型事例等进行宣传教育，明确安全活动的目的和意义，树立工作人员的安全意识和高度责任感。严格执行安全制度，认真做好安全计划、布置、检查、评比等各项工作，将安全管理与日常保教工作相结合，切实做到防患于未然。

其次，幼儿园应定期对人员、环境、设施、设备等方面进行检查，包括检查各部门安全制度的执行情况和具体安全工作的落实情况，检查幼儿园建筑物、设备、设施（消防、水、电）的安全情况。

2. 教师认真履行职责，加强幼儿安全教育

首先，在各项活动中，教师要加强指导和保护，根据幼儿的身体条件和个性特征，安排适当的活动项目，精心准备和检查活动器材，对不适合某些具体活动的幼儿不要强求，对适合的幼儿也要注意保护。教师一定要有计划地参与幼儿活动，将幼儿的活动控制在自己的视线之内，尽职尽责，保护幼儿的安全。

其次，开展内容全面、形式多样的安全教育活动，对幼儿进行安全启蒙教育，向幼儿传授如何避免伤害、安全生活的知识经验。幼儿园要利用幼儿园一日活动各环节的教育因素，通过各种渠道，将安全知识、幼儿在日常生活中可能遇到的意外伤害以及预防措施、常见安全标记等告知幼儿，让幼儿形成安全防范意识。还可以开展一些自救游戏，创设情境让幼儿模拟表演，

学习简单可行的应急措施，增强幼儿的防范应变能力。

　　总之，保护儿童生命安全是幼儿园教育工作者的神圣职责。一方面，教师应积极培养幼儿形成自我保护的意识和能力，逐渐养成良好的行为习惯；另一方面，管理者要采取有效措施防范意外事故的发生，一旦发生意外，要冷静应对，妥善处理，面对突发事件必须做到职责明确、措施到位。

（案例分析：刘若凡）

37. 装修事件

案例

　　由于某园所处地块被市政府划为规划范围，幼儿园只好搬迁。为使新园能够达到省级示范园标准，园领导决定进行全面改造。改造期间，将在园幼儿临时安排至另一所幼儿园。

　　经过近5个月的奋战，终于圆满完成了改造任务，幼儿园从内到外焕然一新，幼儿迁回了新园。

　　在幼儿迁回的第三天，园长在外开会，副园长打来电话通报了一个紧急情况：一个孩子家长来幼儿园反映，孩子突然出现皮肤过敏症状，怀疑是幼儿园装修不达标，家长要求马上见园长。由于是晨间幼儿入园时间，现场有不少家长围观，大家议论纷纷。听到这个情况，园长立即要求副园长将反映情况的家长请到办公室，先稳定好家长的情绪，然后向家长转告园长意见：先不要追究责任，马上带孩子看病，回头再来解决其他问题。

　　当天傍晚，家长们成帮结伙地在幼儿园走廊内议论此事，一时间人心惶惶，有的家长甚至考虑要给孩子转园。得知情况后，园长迅速组织教师疏散了家长，随后分别接待了对此事较为关注的家长，表示会尽快请权威部门出具可靠证据以证明幼儿园环境的安全。

　　第二天一大早，患病孩子的父母、奶奶带着孩子气势汹汹地来到办公室大哭大闹，一会儿说要到法院去告，一会儿又说让媒体曝光。园长一边耐心地倾听他们的哭诉，一边疼爱地将孩子轻轻抱在怀里，认真观察孩子患处的皮肤，同时关切地询问孩子前一天就诊的情况，并查看了病历。这时，家长的情绪渐渐平复下来。

病历显示，孩子患的是过敏性皮炎，过敏源尚未查明。尽管医院没有做出孩子的病与装修有直接关系的判定，但如果园长因此否认孩子的病情与幼儿园有关，肯定会激怒家长，扩大事态。经过慎重的思考，园长决定先给孩子做最好的治疗，转移家长的注意力，推迟家长对事件责任的追究时间，让幼儿园有充分时间查找原因，找到可靠的证据。

幼儿园联系了省内最好的医院和最权威的医生给孩子治病，并让园保健医生全程陪同。在孩子治疗过程中，幼儿园请省环境监测中心为该园进行了全面监测，幼儿园顺利通过了省环保监测部门的质量监测认证。幼儿园将环保监测报告张贴在幼儿园的大门口，但是仍然有家长持怀疑态度。没想到，省环保部门出具的结果也不能让家长百分百放心，为此，园长一筹莫展。

正当园长苦思冥想该如何向家长证明幼儿园环境绝对安全的时候，孩子的奶奶带着孩子又来到幼儿园。她告诉园长，孩子已经康复了，她是来送孩子入园的，她认为幼儿园不仅很负责任，也很有人情味。她很抱歉因为他们的怀疑给幼儿园带来了负面影响，并且愿意向全园的家长说明孩子的病情与幼儿园的装修无关。

俗话说：解铃还须系铃人。孩子家长的证明得到了全园家长们的认同，就这样，幼儿园终于走出了"装修"的阴影。

 思考题

1. 从这起危机事件中可以看出幼儿园的安全和危机管理存在哪些问题？
2. 此危机事件发生后，幼儿园的反应有哪些值得学习借鉴的地方？
3. 这个案例对幼儿园安全管理有什么启示？

案例分析

幼儿园在进行装修时应加强环保意识，在装修完毕入住前应请室内环境检测中心进行检测，并做出综合评价，若发现问题也可以及时采取相应措施。案例中正是由于园领导对幼儿园环境装修后可能出现的问题估计不足，对幼儿园的安全管理缺乏预见性，才出现了被动局面。

在家长第一次反映情况时，副园长由于缺乏处理问题的经验，没有采取个别方式了解情况，使事态扩大，引发了全园性的恐慌。幼儿园危机管理中很重要的一点就是快速反应，要求幼儿园领导和教职工在幼儿园危机事件发生后，在第一时间集中力量，以最小的代价、最少的资源顺利解决危机事件。案例中的幼儿园面对突发事件，缺乏应急管理，在园长不在的情况下，副园长乱了分寸，没有及时将反映情况的家长带离家长众多的入园地点，导致不少家长围观，议论纷纷。

在这起危机事件发生后，园长的反应和处理方式有不少可取之处。当家长第一次要求见园长时，由于正值入园时间，引起了其他家长的围观和议论。在事件原因和经过未完全调查清楚之前，各种谣言、恐慌和过激行为都是危机的伴生物，并有可能将危机迅速扩大化。因此，这时幼儿园管理者需要做的一项重要工作就是将错误信息控制在最小范围内，避免引起公众恐慌。园长在接到副园长报告后，立即要求将反映情况的家长请到办公室，先稳定好家长的情绪，然后向家长转告园长的先看病再解决问题的意见。

幼儿园园长在患病幼儿家长情绪波动较大时采取了冷处理的方式，没有轻易否认或追究责任，而是坚持生命安全第一位的原则，将幼儿的健康和生命安全放在首位，这样既缓和了家长的情绪，也给幼儿园留出时间来查清事情真相。当天晚上，家长们集结在园中议论此事，搞得幼儿园上下人心惶惶，园长又及时组织教职工疏散家长，并采用个别交流的方式逐一解决家长的疑问，有效控制了事态的蔓延。

公共关系之父艾维·李曾提出，一个企业、一个组织要获得良好声誉，不是依靠向公众封锁消息或者以欺骗来愚弄公众，而是必须把真实情况披露于世，把与公众利益相关的所有情况都告诉公众，以争取公众对组织的信任。如果披露真实情况对组织不利的话，就应该调整组织的行为，而不是极力遮盖真实情况。案例中的幼儿园既坚持了公众知情的原则，又避免了不实谣言的进一步扩散，做出会尽快请权威部门出具可靠证据的承诺来稳定家长的情绪，其真诚的态度也给家长留下了较好的印象。

当患病孩子家长来办公室大哭大闹的时候，园长的应对方式也非常正确。园长真诚友善的态度，让家长感到自己的心情是被理解和体谅的，给予了家长一定的心理慰藉。专门研究小型企业的专家威廉姆·富兰克林提出了托幼机构适用的八条基本原则中的第六条是"弄清家长生气的原因，并及时处理，而不要处处提防人家。应该将心比心，多从家长的角度来考虑问题。要让家长知道你是体谅他们的，并且尽力提供帮助"。虽然医院并没有做出孩子的病与装修有直接关系的判定，但园长也没有就此否认孩子的病情与幼儿园有关，而是坚持"以人为本"的教育原则，决定给孩子最好的治疗。这一举动不但博得了家长的好感，在一定程度上弥补了家长对幼儿园的不良印象，同时也能转移家长的注意力，推迟家长对事件责任的追究时间，让幼儿园有充分时间查找原因。

在孩子检查、治疗过程中，幼儿园请省环境监测中心为该园进行全面监测，权威部门的认证报告成为解决问题的可靠依据；以情感人的处事方式，也让幼儿园得到了家长认同。

幼儿园危机管理中有一项重要原则是发展性原则，即在将危机带来的灾害减到最小的基础上，寻求危机可能带来的机遇，实现幼儿园的发展。案例中，由于幼儿园对危机处理得当，既负责任又有人情味，令患病孩子家长心悦诚服，并主动出面向其他家长说明孩子的病情与幼儿园装修无关，在无形中化危机为机遇，提高了幼儿园的声誉及家长的信任度。

从本案例中还可以得到两个重要教训：

（1）幼儿园安全工作要以预防为主，防患于未然。为了确保幼儿能够生活在轻松愉快、健康安全的环境中，幼儿园应创设完善、标准、安全、卫生的条件，避免环境中的不安全因素给幼儿造成意外伤害。幼儿园的物质条件要符合幼儿的年龄特点，符合国家的安全标准。

（2）要建立起完善的安全管理制度。首先，幼儿园应该成立安全专项工作领导小组，将各项安全管理工作细化分解，具体责任落实到人；其次，要明确职责，把各项工作落到实处；最后，要定期召开安全工作会议，对教职员工进行安全知识和技能培训，保证安全责任的有效担当。

（案例分析：黄晓晗）

38. 一件不该发生的纠纷

案例

周老师是某幼儿园年轻教师，工龄两年。一天，大班一名幼儿的外婆到园长办公室说："班上周老师对我外孙不热情，孩子来后也不接待。"园长问为什么，幼儿的外婆说："小孩早晨不起床，每天都来得比较晚。"园长说："你应该尽量让小孩按时到幼儿园参加晨间锻炼，这也是培养幼儿时间观念的方式。"事后园长去班级了解情况，周老师说她每次都认真对待孩子，只是这个婆婆经常来得晚，来后又很啰嗦，而她正好在那个时候要组织活动，没有更多时间听婆婆念叨，自然不会让她满意。园长强调说今后注意一下这个问题，不要再引起家长告状。

事隔几天后的一个周一，幼儿园升旗仪式即将开始，周老师正要带全班幼儿到操场准备升旗，忽然那个婆婆与周老师吵了起来，说上周小孩被抓伤了，斥责老师没有起到监护作用，当时婆婆还说了一些过激的话。和周老师争吵完，该家长又到园长办公室反映情况。下午，小孩的父母和外婆一起到园说这件事，园长叫人把周老师喊来，面对面与家长沟通交流。没想到周老师一到办公室，也没好气，说该咋样就咋样，我赔医药费就是了。孩子的妈妈一听，气冲冲地站起来就去揪周老师的头发，并打了周老师一巴掌。后经园长和其他人劝解，周老师离开了现场。

事后，全体老师非常愤慨，指责该家长动手打人不道德，园长也强烈要求家长向周老师赔礼道歉。此时周老师要求休息两天，幼儿园给予批准。之后园长找周老师谈心，并分析了事件缘由。后来该家长道了歉，并提出要求给孩子换班，可是没有一个老师愿意接受该小孩，都说谁敢保证小孩不出点事、到时自己的人身安全都得不到保障等等，最后这个孩子不得不转园了。

思考题

1. 园长解决问题的方式正确吗？请简单评价园长在这场危机中的表现。
2. 这一事件反映出幼儿园危机管理中存在哪些问题？
3. 在与案例中类似的家长沟通时，幼儿园应该注意什么？

案例分析

　　首先应该肯定园长在这场幼儿园公共关系危机中所起的积极作用，如当孩子的外婆第一次向园长反映情况后，园长没有偏信家长的说法，而是引导其树立正确的教育观，并向其提出了具体的教育建议，而后又及时向该班教师了解情况，并提醒教师注意这一问题。事件发生后，孩子的父母和外婆一起到园反映情况时，对于家长的告状，园长也没有偏听偏信，而是将周老师喊来，面对面与家长沟通交流。周老师被打后，园长和其他人及时将周老师劝离现场以免引起更大的冲突。事后园长要求家长向周老师赔礼道歉，周老师要求休息，幼儿园也给予批准，体现了幼儿园对教师的尊重和关爱。

　　然而，园长解决问题的方式仍然存在不少漏洞。周老师是工龄仅为两年的年轻教师，新教师往往缺乏经验，作为园长，对新教师应该多给予一些监督和支持，这样很多问题都是可以预防的。当园长第一次找周老师了解情况时，周老师已经明确表达了自己在与孩子外婆沟通中存在的问题和苦恼，但这并没有引起园长足够的重视，没有针对家长工作这一薄弱环节，给予周老师有效的帮助和建议，这也就为后来发生更大的冲突埋下了导火线。事后园长也未能客观、正确地总结和分析整个事件，使得家长和教师间的矛盾始终没有化解，并相互产生不信任感，最终出现了没有教师愿意接受该小孩转班的局面。总的来说，园长的危机干预策略缺乏有效性。

　　这一事件显现出幼儿园在处理家园矛盾危机中值得改进的一些问题。

1. 幼儿园危机预防与应对能力薄弱

　　幼儿园危机管理的一个重要环节就是在危机尚未发生时采取一定的预防

措施。案例中幼儿园园长和教师的危机管理意识显然都较为薄弱。大多数危机都有一个从量变到质变的过程，具有一定的潜伏性，案例中周老师因为忙于组织活动而疏于倾听孩子外婆的叙述，使外婆对周老师没有什么好感，因此发生孩子被抓伤的事件后，孩子家人的反应才会比较强烈。如果周老师平时就注意和孩子家长做好交流和沟通，给孩子家长留下好印象，那么孩子被抓伤后家长可能不会如此"大动干戈"，而能更多地理解老师。

2. 领导对新教师的指导缺失

新教师由于缺乏经验以及对周围人事环境不熟悉，工作中难免会遭遇困境，园长和其他教师应多关心他们，做到"多看、多问、多交谈"。根据卡茨的教师发展理论，教师入职第一、二年被称作求生存时期，此阶段的教师面临理想和现实的差异，特别需要支持、理解、鼓励、肯定和安慰，也需要学习各种教育技巧。而园领导和其他教师对周老师的关心和帮助不够，使周老师在遇到难以解决的问题时，出现"破罐子破摔"的心理。

当然，家长的行为也存在一定偏差。《幼儿园教育指导纲要》指出：家庭是幼儿园重要的合作伙伴，应本着尊重、平等、合作的原则，争取家长的支持和主动参与，并积极支持、帮助家长提高教育能力。实现家园携手共育，观念一致是关键，但由于家长的文化程度、人生观、价值观不同，家园之间常常会出现教育观念上的冲突。所以，幼儿园需要进行长期细致入微的工作，使家园双方达成教育共识，这样不仅可以避免矛盾、纷争，还可以整合教育资源，共同教育幼儿。

《台湾幼教伦理守则》中有一条原则：当家庭成员对幼儿教养有冲突时，我们应坦诚地提出我们对幼儿的观察，帮助所有关系人做出适当的决定。案例中的家长属于过分担忧型，这种家长一般对孩子比较溺爱，且总是感觉幼儿园对孩子关注不够，同时他们也属于对抗难缠型的家长，当发生家园矛盾时往往会采取较为激烈的对抗方式。应对这类家长，幼儿园首先不能对家长的担忧置之不理，应当积极回应。如外婆提出老师对孩子关心不够时，园长应该真诚、耐心地向她解释清楚，必要时可以请外婆旁观孩子在园中的生活，以事实打消老人的顾虑。当孩子的外婆和母亲到园里来反映情况时，领导和教师需要运用更多的智慧和技巧来应对，真诚而灵活地与家长进行沟通，化解矛盾。

（案例分析：黄晓晗）

39. 两起安全事故

 案例

在一所幼儿园中一连发生了两起安全事故。

事件一：一天下午，离放学还有半个多小时，保教主任找到园长报告称小二班杨思思小朋友上厕所时不小心摔倒了，后脑勺碰到小便池台阶的角上，现已由班主任和保健医生送往医院紧急处理。园长对孩子的伤情很重视，急忙与保健医生通电话，了解到孩子伤情不重，但为了使伤口愈合效果好，需缝三四针。园长和保教主任赶紧乘车赶往医院，并与孩子家长取得联系，在电话中简单述说了孩子的情况，请家长及时赶往医院。

园长和保教主任来到医院时，孩子的伤口刚刚处理好。家长赶到时，孩子已经安稳地坐在班主任怀里休息了，心急如焚赶来的爸爸，看到孩子无大碍顿时轻松了许多。征得家长的同意后，医生给杨思思注射了破伤风针并开了消炎药，费用由幼儿园承担。最后园长同家长一起将孩子送回家。

回幼儿园后，园长与保教主任立刻到事故发生地了解情况，发现卫生间的防滑地板砖由于使用时间长，磨损得已有些光滑。后来，杨思思的妈妈打来电话，一再说明孩子摔伤是他自己不小心造成的，希望不要批评班上老师，并对老师的工作表示理解。

事件二：某天早晨，园长经过教师办公室时看见大班同学郑博的奶奶在向同班的赵怡的妈妈解释着什么，班主任张老师正与二位家长认真交谈。园长见不便打扰，就悄悄走开了。

晨操后家长离去，园长向张老师了解情况，才知道是前一天孩子们离园后发生的事情。当天家长陆续来园将孩子接走，赵怡和郑博也分别被妈妈和奶奶接出了活动室。但他们想在院子里玩一会儿，征得家长同意后就去了，家长们便坐在院子里的长椅上聊天。十几分钟后，赵怡的头上流着血哭着回来找妈妈，说和郑博在玩沙池里发现一把小铁锹，郑博拿铁锹把她的头碰伤了。孩子的伤口不大却较深，而且是在右眼眉骨的要害位置。郑博因为害怕跑了，郑博的奶奶便给赵怡的妈妈留下 50 元钱，叮嘱其速将孩子送医院处理，就急忙去找郑博了。

早上赵怡的妈妈来到幼儿园找郑博的奶奶，郑博的奶奶却只说："花了多少钱，我来掏。"赵怡妈妈听了非常生气："我的孩子受伤了，你一句关心的话也没有，只说掏钱。"接着继续说："我家孩子伤在脸上，要是以后留疤，毁容了怎么办，你赔得起吗？我和你没完！"郑博的奶奶也十分委屈："孩子的爸爸是军人，妈妈在外地进修，我一个人带着他真是操碎了心。我孙儿不是故意的，除了赔钱我真不知道还能做什么。他们怎么会翻出个铁锹来……"

张老师又接着说了自己跟二位家长交谈、进行调解的情况，现在双方情绪都很稳定，赵怡的妈妈已把孩子带到医院去换药复查了。园长又问了孩子的治疗情况，得知由于治疗及时、得当，伤口没有什么大问题。园长再到玩沙池边，见那把惹祸的铁锹已被放回工具棚。

当天下午，班主任又约见了二位家长。郑博的奶奶给赵怡买了一些营养品，并对之前的行为表示歉意。赵怡的妈妈表示自己也有错，只顾聊天没看好孩子。最后郑博的奶奶表示：等赵怡伤口拆线恢复后，医疗费全部由郑博家承担。赵怡家长也表示郑博只是个孩子，并非故意伤人，同意了郑博的奶奶的意见。下午孩子们离园后，园长和两位老师去探望了受伤的赵怡，赵怡的家长对早晨的冲突反倒不好意思了。一场风波就此平息。

（案例编写：孟凡菊）

思考题

1. 试分析这两起事故发生的原因。
2. 事故发生后，幼儿园的处理是否得当？
3. 如何杜绝此类安全事故的发生？

案例分析

从表面上看两次事故都是偶然事件，但仔细分析后会发现，偶然之中又有一定的必然。第一起事故中，卫生间的防滑地板砖由于磨损已有些光滑，而卫生间的地板上肯定常常有水迹，成年人尚且容易摔倒，更不用说好动而协调性较差的幼儿了。可以说杨思思滑倒是偶然的，但有人会滑倒却是必然的。第二起事故中，玩沙池里的铁锹也同样是隐患，可能是工作人员使用后忘记放回原处。因此事故的直接原因在于幼儿自身，而根本原因在于幼儿园管理不严、教职工未尽职责且安全意识薄弱。

对于第一起事故，幼儿园至少要承担两方面的责任：第一，为幼儿设计的卫生间不应出现有棱角的台阶，且园方未能及时更换防滑地板砖，所以园方负有安全管理不力的责任；第二，幼儿园小班的儿童属于无行为能力人，在其上厕所期间应让有独立行为能力的人进行监护，所以带班教师负有看护不周的责任。第二起事故中，教师已将孩子"交"给家长，孩子是在家长看护时受伤的，家长负有看护不周之责，但铁锹属成人劳动工具，幼儿园负责保管工具的工作人员本应将其收好或放在幼儿难以接触到的地方，铁锹在玩沙池里出现实属工作人员失职。

事故发生后，幼儿园的处理及时、妥当，积极、友善的态度为最后解决问题奠定了基础。从事故一的描述中可以明确，小二班的老师发现孩子摔伤后，立即找到保健医生，对伤口做初步处理，然后一起把孩子送往医院并主动将情况向园领导反映，之后也时时表现出对孩子的关心爱护，得到了家长的理解。第二起事故发生之后，班主任张老师针对家长之间的纠纷，及时做了耐心、细致的调解，以免造成不良影响。老师积极、真诚的态度和出色的协调能力，使此事得到妥善处理，家长也感到满意。而园长在发现问题之后并没有盲目干涉，只是详细了解事情的来龙去脉，充分信任下属。

针对这两起事故，园长应该召开会议，分析事故原因，总结经验教训，布置进一步的工作，避免以后发生类似事故。接下来要做的具体工作有：

· 对全园所有班级的卫生间进行检查，对光滑的地面采取紧急处理，如铺防滑垫或打磨，并找适当的机会更换防滑地板砖。

· 全面巡检幼儿活动场地和玩具的安全与卫生情况。指定专人保管园内工具，使用后放回原处，并确保较危险的工具放在幼儿难以接触的地方。

• 高度重视班级安全工作，提高教职员工的安全意识和安全教育意识。告知幼儿在园内需要特别注意安全的地方，增强幼儿的自我保护意识。

• 建立孩子的保险档案，及时了解孩子意外伤害险的参保情况。在条件成熟时给孩子办一份校方责任险，为孩子的安全上双保险。

《幼儿园教育指导纲要》中明确指出：幼儿园必须把保护幼儿的生命和促进幼儿的健康发展放在首位。保证幼儿在幼儿园以及幼儿园组织的园外活动中的安全，是幼儿园的应尽职责。要防止安全事故的发生，需要做到以下几点。

1. 保证园内设施安全

《幼儿园管理条例》明确要求园舍和设施必须符合国家安全标准，《幼儿园工作规程》指出幼儿园的教具、玩具应有教育意义，并符合安全、卫生要求。在实际工作中应注意是否有坍塌危险的危房、危墙；栏杆是否过低、松动；大型玩具下是否铺设保护垫；大型玩具是否年久失修；玩具、教具的材料是否有害身体健康；活动场地是否太滑、太坚硬；墙角、台阶、家具等是否有锋利的棱角等等。

2. 进行安全教育和培训

指对教职员工的教育和对幼儿的教育。对教职工的教育和培训，主要包括三方面内容：一是对教职工的安全意识教育，要培养他们的工作责任心，要让全体教职工在思想上重视安全问题，做到"全员安全管理"，最大限度地确保幼儿平安。二是要求教职工了解幼儿园安全管理的各项规章制度，严格按照制度办事。三是要求教职工掌握基本的安全操作规范，掌握发生意外事故时的处理办法。对幼儿的教育应讲解与实际演练相结合，设计完备的安全教育课程，并对突发事故的避难方法进行演练。

3. 建立安全监督和检查制度

幼儿园要建立安全管理工作小组，由园长任组长总负责，由责任心强、经验丰富的教职工具体负责，同时加强对各项安全管理制度执行情况的检查，可采取定期检查和不定期检查相结合、专项检查和一般检查相结合的方法。

4. 坚持安全事故现场处理和报告制度

园内一旦发生意外事故，在场的教职工首先必须进行必要的现场处理，同时，及时向园安全管理小组汇报。若发生伤害事故，且情形严重的，幼儿园要向主管教育行政部门及有关部门报告。

总之，幼儿园的安全管理应由园长牵头、群策群力，采取有效措施，力求杜绝这类事故的发生。

（案例分析：喻凡）

40. 意外伤害谁来负责

 案例

　　明晨和翔成是某幼儿园中班的同班小朋友。某日下午，大部分幼儿吃完加餐后，教师指导幼儿一个个排队漱口、如厕后陆续进入活动区活动，王老师在外屋美工区指导幼儿制作手工，保育员马老师在里屋指导幼儿玩插塑。明晨在喝完水后，被从卫生间出来的翔成撞倒在地，王老师发现后问道："明晨怎么了？"明晨回答："翔成把我撞倒了。"王老师问："你没事吧？"明晨回答："没事！"爬起来后也没有哭闹及异常表现，然后就进入"汽车城"和其他三位小朋友一起玩汽车。后来明晨妈妈入园接明晨，明晨对妈妈说胳膊疼，需要妈妈帮助脱裤子上厕所，教师和家长这时才发现明晨左前臂肘关节处肿胀，压痛，活动受限。家长带明晨到医院就诊，检查显示：左侧尺骨骨折、左侧桡骨可疑骨折，需要石膏固定4周，定期复查。

　　事发当晚，班主任多次打电话给家长，询问幼儿的治疗进展，并于晚7点到明晨家看望。第二天一早班主任将此事及时上报园领导，并与翔成的妈妈取得联系，讲述了事件经过。翔成家长了解事件原委后，于当日下午到明晨家探望，双方家长对此次意外事件进行了协商。班主任下午打电话询问明晨家长协商的结果时得知：翔成家长表达了他们的歉意并愿意承担明晨的全部诊疗费用，因明晨需要石膏固定4周，故明晨家长的意见是4周后再计算全部的医疗费用。

　　班主任了解到去年明晨在园内投了该市的医疗保险，便收集了关于保险的一系列资料，协助明晨家长尽快给明晨办理保险索赔事宜。一个月后复查时，X光显示：骨痂丰富，轻度成角畸形。家长带着明晨于当日又到骨伤医院就诊，检查结果和之前一致。

后来明晨家长提出赔偿要求：养伤期间共花去医疗费368元，明晨父母误工费、护理费、交通费及必要的营养费等6450元，因"轻度成角畸形"还需后续治疗，明晨家长要求一次性赔偿2000元。明晨父母与幼儿园及翔成父母就医疗费和赔偿问题进行多次协商，要求幼儿园和翔成父母赔偿上述费用共计8818元。

翔成父母认为，翔成入园意味着家长已经将翔成及对其的监护责任托付给幼儿园；翔成在幼儿园时，家长作为法定监护人不可能直接行使监护人责任，只有幼儿园才能监护孩子，因此家长不应承担任何赔偿责任。

（案例编写：韩静）

 思考题

1. 此事件到底谁是直接责任方？
2. 翔成的父母对明晨的伤是否要承担责任？
3. 教师在这件意外事故中负有什么责任，是否应该负责赔偿？
4. 此事件给了我们怎样的启示？

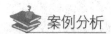 案例分析

幼儿园在教育活动中有防止幼儿的身体或生命安全因教育活动遭受侵害的义务。尽管幼儿园不是在园幼儿的监护人，但是幼儿园一旦因过失行为导致伤害事故发生，幼儿园就必须承担相应的责任。这种过失在本质上是一种"业务过失"，法律中将这种过失原因归类为过错责任，幼儿园在幼儿伤害事件中是否有违法、违规、违纪等行为，即幼儿园在事故中是否有过错或失误是幼儿园承担责任的前提。如果幼儿园的过错直接或间接导致了幼儿伤害事故的发生，则幼儿园要负相应责任。

最高人民法院《关于贯彻执行〈中华人民共和国民法通则〉若干问题的意见（试行）》第160条规定："在幼儿园、幼儿园生活、学习的无民事行为能力人……受到伤害或者给他人造成损害，单位有过错的，可以责令这些单

位适当给予补偿。"可见，依据法律，幼儿园在赔偿问题上实行的是"过错原则"，即幼儿园对在园幼儿遭受伤害承担责任与否，要看事故的发生与幼儿园管理职责的履行有无直接因果关系，要考虑与幼儿园教育教学活动有无联系，要看幼儿园教职工在履行职责中有无故意和过失的过错。根据过错原则归责，只有当幼儿园在与幼儿园教育教学活动相关联的活动中有过错，造成幼儿伤害，才应承担与过错程度相适应的责任，即损害赔偿额度应与幼儿园过错大小相关。

另外，《民法通则》第 133 条规定：无民事行为能力人、限制民事行为能力人造成他人损害的，由监护人承担民事责任。监护人尽了监护责任的，可以适当减轻他的民事责任。这一条表明，监护人对被监护人致他人损害承担的是无过错责任，即无论监护人是否有过错，监护人都要对被监护人造成的侵权损害承担一定的法律责任；即使监护人尽了监护责任，没有过错，也只是可以适当减轻他的民事责任，而不是免除责任。

据此，在上述案例中，明晨的伤害是由于两名幼儿不遵守幼儿园纪律（园内不能推挤）所致，因此，两名幼儿自身也应承担一定的责任，翔成父母作为监护人，必须为翔成的行为后果承担主要赔偿责任，不能全部推给幼儿园。

案例中，教师在孩子如厕、喝水时没有加紧看护，因而导致孩子碰撞，说明教师未完全尽到妥善管理幼儿的责任，在教育教学活动的管理中存在过失，间接导致意外伤害事故的发生，因此，教师也应该承担一定责任。但是鉴于教师以及幼儿园在事故发生后采取了高效、积极的应对措施，包括及时救治、联系并告知家长、办理保险索赔业务等，幼儿园作为法人应代表教师承担部分经济赔偿责任，幼儿园负责人应给予教师适当的理解，减轻教师的心理压力，切忌指责、批评教师。

幼儿伤害事故问题的复杂性在于：大而言之，是涉及、幼儿园、社会和家庭和谐的问题；小而言之，是涉及法律、伦理和教育的学理问题。明确幼儿园与孩子的法律关系是解决问题的基础，确定幼儿园在幼儿伤害事故中的责任是解决问题的关键，赔偿责任的社会化是解决问题的现实出路。只要办学就会存在一定的风险，这是不可回避也是无法抗拒的现实。由于缺乏充分、有效的救济渠道，导致受害幼儿的合法权益不能得到有效保护，同时也给办学者背上沉重的包袱，制约了幼儿园正当教育活动的开展。一方面，幼儿园作为非营利机构，对由于事故而产生的巨额赔偿往往力不从心，同时又无法对家长的埋怨置之不理；另一方面社会又普遍同情处于弱势的受伤害幼儿，法院判决或多或少都会受到这种心态的影响。所有这些因素都使得幼儿伤害事故成了一个十分敏感又难以解决的问题。

综上所述，解决幼儿伤害事故这一问题时应当树立两个出发点：既要立足于保护幼儿的合法权益，给幼儿创造一个健康、安全的成长环境，同时又不能让幼儿园承担的赔偿责任泛化，使幼儿园能够按照教育本身的规律做好教育工作。

为了预防意外事故的发生，幼儿园应加强管理制度建设，具体建议如下：

1. 落实安全制度，预防安全事故

幼儿园要建立健全幼儿安全管理制度，如幼儿接送制度、交接班制度、设施安全检查制度、食品定点采购制度、幼儿一日生活常规安全管理制度等，并且要把这些制度落到实处，组织教职工学习、提高认识，使安全责任深入人心。此外还要加强教师的师德、师风建设，提高工作责任心和使命感，还要把安全工作细化到每位教职工的工作职责中，落实到人。

2. 优化生活环境，减少安全事故

幼儿园应本着"一切为了孩子，一切想着孩子"的原则，为幼儿提供良好的生活和学习环境。如幼儿园建筑物的设计、建筑和装修应符合孩子的安全需要，避免出现安全隐患和安全死角；幼儿园的设施设备要符合国家安全标准和规格要求；班额按规定控制，使教师能够关注每个幼儿，并让幼儿有充足的生活、活动空间；户外活动场地的大小、结构要符合幼儿年龄特点。

3. 加强幼儿的体育锻炼

幼儿平衡能力差、动作反应不灵敏是他们常摔跤的主要原因。加强平衡能力的练习及其他基本动作如走、跑、跳、攀、爬的练习，发展幼儿动作的协调性，是减少幼儿摔伤的有效措施。这些基本动作的练习应根据幼儿的年龄有重点、有针对性地进行。幼儿园应经常组织孩子们参加一些像跑步、拍球、郊游之类的户外活动及需要开动脑筋的游戏，以活动促发展，幼儿运动能力增强了，动作协调了，自然就会减少事故的发生。

（案例分析：刘若凡）

41. 紫外线灯照射风波

 案例

　　某幼儿园大班为了组织教学活动"烤饼"来到了幼儿园餐厅。餐厅在地下一层，光线不太好，带班的李老师就去开灯。因为紫外线灯开关与日光灯开关挨着，结果李老师误开了紫外线灯，直到活动结束关灯时才发现，致使全班幼儿被紫外线灯照射了二十多分钟。

　　第二天早晨，距紫外线灯较近的几个幼儿的脸和脖子开始出现脱皮现象，但并不严重，很多家长并未在意。但就在当天，当地的报纸恰巧转载了《新京报》的一篇报道：某大学研究生在毕业聚餐时被饭店紫外线消毒灯照射了2~3小时，很多人出现严重脱皮症状，随后入院观察治疗，医生称不排除将来患皮肤癌的可能。这一报道引起家长恐慌，家长们纷纷来到幼儿园交涉。迫于压力，园方组织该班所有儿童到当地正规医院检查，重点检查了皮肤和眼睛。检查结果表明，所有儿童视力正常，眼睛无灼伤，皮肤脱皮现象两三天就会恢复，不会有后遗症。医生还为每个幼儿写了诊治记录，阐明问题并不严重。但家长们仍有担心，普遍表示出对幼儿园的强烈不满。

　　晚上，园长让副园长带领老师分成两组去幼儿家里看望、慰问，一部分家长称第二天要到幼儿园找园长讨说法。第三天上午，适逢教委教研会议，本来早已确定由副园长参加，副园长临走时提起了昨晚部分家长说要来找园长的事。园长一听马上说："那还是我去区里开会吧，如果家长问起来就说我在外开会回不来。"

园长走后不久，十几个家长来到幼儿园，要找园长讨说法。副园长极力解释，家长们根本不理会，并说如果园长不回来就到区教委会场里找他。副园长只得立即派人把园长叫了回来。园长回来后向众家长道歉，但家长们情绪非常激动，根本听不进去，并直接找到园上级主管部门，要求主持公道。事情闹大后，幼儿园迫于各方面压力，只得请卫生防疫站、疾控中心等专业人员以及医院大夫组成专家团，召开家长说明会，详细介绍了紫外线灯的原理，以消除家长的担忧。但仍有部分家长不依不饶，多次到幼儿园交涉，要求赔偿，要求幼儿园写保证书等。最后李老师受罚外调，园上级领导与家长进行多次协调后才平息此事。

 思考题

1. 这起事故的责任在谁？
2. 事故发生后，幼儿园的处理方法合适吗？
3. 如果你是园长，你会怎么做？

案例分析

这是一起幼儿园安全事故。在本案例中，由于李老师的粗心大意导致幼儿园大班学生暴露在紫外线灯下 20 多分钟，这对幼儿造成了一定的人身伤害；而该幼儿园对事故的处理方式又给家长留下了不好的印象，最后直接告到上级部门，对幼儿园的声誉及工作造成了不良影响。

具体看来，李老师主要有两点错误：第一，在开灯的时候，李老师没有注意区分紫外灯和日光灯的开关。作为一名有经验的幼儿园老师，这种错误是不应发生的。第二，在整个活动过程中，李老师并没有发现灯光颜色的异样。正常情况下，紫外线灯的颜色不同于普通日光灯，只要稍加用心，二者很容易区分，但李老师直到活动结束关灯时才发现误开了紫外线灯，反映出李老师工作粗心大意，责任心不强。李老师是本次事故的第一责任人，按照幼儿园的规章制度，对她进行处罚是必要的，也是合理的。

这件事情在一定程度上也反映出该幼儿园管理不善，存在安全隐患。第一，紫外线灯开关的布置不合理。正是因为紫外线灯与普通照明灯开关在一起，或者紫外线灯开关上的警示标志不够明显，难以跟照明灯开关区别开来，粗心的李老师才开错了灯。在设计餐厅时，应将紫外线灯开关与普通照明灯分开（最好能单独走线），相隔一定距离，并设置警示标志。第二，没有派专人负责控制紫外线灯的开关。因为开启紫外线灯没有相关权限限制，任何人都有可能开启紫外线灯。如果幼儿园只是将李老师外调或转岗，而不改变紫外线灯开关的布置、完善紫外线灯使用制度，安全隐患仍将存在。

紫外线照射的时间越长，引起的后果越严重——轻则紫外线灼伤，出现脸部红肿、眼睛流泪等，最为严重的后果是导致皮肤癌。这次安全事故后，幼儿园应该引以为戒，由专人负责控制开关及消毒时间，保证在室内无人的情况下才能开启紫外线灯消毒。

所以，这次事故发生后应该追究李老师的责任，更应反思幼儿园在事故预防、危机处理方面存在的问题。

在事故处理过程中，幼儿园一直处于被动状态。首先，发现幼儿被紫外线灯照射二十多分钟后，幼儿园没有在第一时间将幼儿送往医院检查治疗，而是等家长找上门来，才迫于压力组织幼儿去医院诊治，使家长觉得幼儿园"不负责任"。其次，当园长得知家长情绪激动，要来幼儿园讨说法的时候选择回避，想让事情不了了之，这样更是犯了众怒，园长不得不赶回来向家长道歉，但为时已晚，幼儿园此时已经失去了家长的信任，也给上级部门留下了不好的印象。本来此次事故的后果并不算严重，如果园长选择跟家长积极沟通，主动澄清事实、赔礼道歉，完全不会有后续的"家长告状"问题。

此次事故中，园长忘记了自己的职责，一味逃避而不敢面对，不敢承担责任。此外，他混淆了园长与副园长的责任，以为在处理危机事故时副园长可以全权代表园长履行职责。此次事件很大程度上是由于园长的胆小怕事和副园长的迁就忍让导致了家长不满，触发了他们的"反对情绪"。在家长心中，园长是幼儿园的法人代表，只有园长才能代表幼儿园，事实也是如此。园长应该负责幼儿园的安全工作，尤其是发生意外事故后，园长理应站在最前方，积极解决问题。

作为园长，在此次安全事故处理方面应该做出以下几点努力：

（1）事故发生后，应该组织该班幼儿去医院接受检查，并将结果在第一时间告知家长，跟家长沟通，安抚家长。整个过程中要勇于面对家长，及时解决家长的疑问，让家长放心。

（2）勇于承认幼儿园在工作中的失误，争取家长的谅解。亲自组织教师代表幼儿园去看望受伤的小朋友，向家长和受伤的小朋友道歉。

（3）积极采取善后措施。追究李老师的责任，处理方法要公平、公正、公开。督促后勤服务人员在紫外线灯开关处张贴更明显的警示标志。

（4）组织全校教职工就此次事故讨论学习，总结经验教训，同时反思安全管理中存在的问题。

安全管理是幼儿园管理中的一个重要方面。幼儿园的宗旨应该是在保证孩子安全第一、健康第一的基础上讲教育。安全问题是幼儿园教育中的一个重大问题，应该引起园长和教职工足够重视。国家曾专门针对此问题颁布了《中小学幼儿园安全管理办法》，对人民政府有关部门的安全管理职责、校园周边和校内安全管理、安全教育等方面做出了全面规定，重在加强管理，预防安全事故。所以，做好幼儿园安全工作的重点就是预防安全事故的发生。幼儿园的安全管理工作可以从如下几个方面着手：

（1）组织人员定期排查安全隐患，创造安全的幼儿园环境，包括园内环境以及园周边环境；

（2）组织全园工作人员学习安全教育法，提高安全教育意识；

（3）开设安全教育课程，对幼儿进行必要的安全教育。

（案例分析：喻凡）

6

42. 家长为何发怒

 案例

　　一天，一位家长气冲冲地带着6岁的儿子到办公室找园长，园长正好外出，总务老师便负责接手处理这件事。总务老师客气地向家长了解事情缘由，原来她的孩子前一天被老师罚站了一个小时，小孩还说老师用板擦敲他的头。家长很生气地说要告老师虐待，接着大肆批评该幼儿园的制度，还说该幼儿园的老师都不正常，不是生理有问题就是心理有问题。总务老师极力安抚这位家长的情绪，保证会把事情反映给园长并给予合理的解释。家长这才悻悻地走了。

　　之后，总务老师向孩子的老师了解事情的经过，发现这个孩子长期以来（一年多）一直让老师很头疼，上课总是调皮捣蛋。不仅自己不好好听课，还总是捣乱不让其他孩子专心学习。除此之外，他在户外活动时不是推人、咬人，就是捡小石子打人，不遵守幼儿园的生活卫生制度，有一回甚至在树下小便。老师也常常向孩子的母亲反映问题，她总是向老师道歉，情况却不见改善。听到这里，总务老师不禁皱起了眉头。

　　思考题

　　1. 案例中的家长为何发怒？

　　2. 幼儿园应给家长做出怎样合理的解释？

　　3. 对于这种在幼儿园经常会出现的冲突，要制定怎样的长远对策？

案例分析

　　自 20 世纪以来，世界各国幼儿教育都在改革过程中体现了对家园关系的重视。美国教育部早在 1994 年颁布的《2000 年目标：美国教育目标》蓝皮书中指出，到 2000 年美国教育要达到的一个重要目标是：每所幼儿园与每个家庭要加强伙伴关系的建设。

　　我国教育部在 2001 年颁布的《幼儿园教育指导纲要（试行）》（以下简称《纲要》）中也明确指出：家庭是幼儿园重要的合作伙伴，应本着尊重、平等、合作的原则，争取家长的理解、支持和主动参与，帮助家长提高教育能力。可见，创建有中国特色、适合新时代需要的家园关系已成为幼儿园必须面对和完成的一大实践难题。

　　就案例中的教师而言，她面对的是一个较难管理的孩子，给日常的班级生活和学习管理带来了很多困扰和麻烦，向家长反映后效果也不大，于是无奈之下，教师忍不住体罚孩子，引起家长的强烈不满，造成家园关系紧张。客观地分析，教师的做法欠妥。任何教师的个体行为，放到家园关系的天平上衡量，都不能仅仅看作个体行为，因为每个教师在家长心目中都代表着幼儿园的教育教学水平，代表着幼儿园的形象。作为教师，要有胸怀和担当，要学会坦然面对指责和委屈，更要学会化解矛盾与误解，逐步走向成熟。

　　就家长而言，现在家长的整体素质不断提高，但这并不意味着所有家长的素质都很高。许多家长的浮躁心态、功利心态，以及对学前教育规律的不了解，是造成他们对园方、教师产生误解的主要原因。案例中的家长认为孩子受了委屈，教师的教育方法有问题，但她解决问题的方法欠妥。首先，自己的孩子在幼儿园调皮捣蛋，之前老师也反映过，但家长并没有对孩子进行有效的引导教育，也没有和老师就孩子的情况探讨、协商，这是她作为家长工作不到位的地方；其次，出问题后家长只是气冲冲地找幼儿园"算账"，还把对个别教师的不满扩散到全园，波及其他老师和整个幼儿园制度，反映出其自身素质有待提高。

　　随着时代的发展、家长素质的提高和《纲要》的颁布，我国各地幼儿园开始重视新型家园合作关系的建立与发展。幼儿园作为承载幼儿教育事业的主体，要明确责任意识，积极探讨多种改进家园关系的途径。

1. 有效的双向沟通

"双向沟通"是近年来国外学者在论及家园共育时常常提及的一个词。研究者强调采用多种形式，鼓励教师和家长主动与对方交流信息，其中教师要起主导作用，引导并提高家长参与幼儿园工作的积极性和主动性。

家庭和幼儿园是影响幼儿发展最主要的两大环境，家长和教师分别是这两大环境中的施教者。教师有必要经常、持续不断地从家长那里获得幼儿的各种信息，尤其要重视个别化沟通。在此过程中，教师要注意提高和家长沟通的技巧，克服沟通障碍，促进双方和谐相处。通过双向交流，家长也能对幼儿在园状况有所了解，充分反馈自己的意见，理解老师及其工作，双方才能更好地进行合作，共同促进幼儿的健康成长。

以上案例中幼儿园要诚恳地向家长道歉，并关怀小朋友，取得家长对幼儿园教师的谅解。然后与家长心平气和地针对孩子的问题共同商讨合适的改进策略，家园共同努力，帮助幼儿进步。

2. 持续一贯的互动

国外研究者指出：仅仅依靠一次家长研习班或是家长会并不能从根本上改变教师和家长对待参与的认识与行为。家园共育是一种合作行为，主要通过教师和家长的互动来实现，而人际之间的良性互动需要通过双方之间持续的交流来维持，因此教师在工作中应当注意：

• 整合各种家园合作形式，充分发挥每种形式的特长，从互动中得到的信息、资源要在工作中充分利用。例如，教师通过家访了解到幼儿家庭和家长的一些基本情况后，应该及时将这些信息备案，熟记在心，作为以后和家长进行交流、邀请家长参与幼儿园活动的重要参考和依据。

• 加强和家长平时的日常沟通，而不单单依靠家访、家长会等活动进行交流。充分利用家长接送孩子、来园参与活动等机会，主动与家长交谈。有经验的教师非常注重平时和家长拉拉家常，为和谐的伙伴关系加温。教师和家长之间持续的沟通有助于双方及时交换幼儿教育方面的意见，有助于建立相互信任和理解的关系，这种关系对增进彼此的合作、消除误会、帮助幼儿成长都能起到良好的促进作用。

（案例分析：钱凤）

43. 网上园长信箱

 案例

一天早上，一位家长找到园长，反映女儿禾禾班级的网页及集体照上没有女儿照片，她认为这伤害了孩子幼小的心灵。家长说自己急于向园长反映这一情况，可费了好大劲才找到园长。园长立刻和孩子班主任交流，原来那天禾禾因为身体情况错过了拍照。当天孩子离园时园长及班主任向家长和孩子表达了歉意，说明了情况，并把改好的班级网页给他们看，集体照上有了笑眯眯的禾禾……

可是，家长的"急于向园长反映，可费了好大劲才找到"这句话引起了园长的思考。幼儿园十分注重信息怎样以最快速度到达家长那里，例如设置大厅的电子屏幕和教室旁的家园联系板，创建了向家长开放的幼儿园网站，但是却忽视了家长的想法怎样才能快速到达幼儿园。园长意识到这一情况急需改变，便在第二天的中层会议上改变了原来的工作研讨重点。

在会议上，老师们各抒己见，"网上园长信箱"的构想由此形成，并很快设计开通了。在园网站主页上设置了网上园长信箱，家长用留言方式提出建议或意见，园长做到当天信件当天回。

出人意料的是，"网上园长信箱"开通后家长的信件很少，大多数只是事务性的咨询，例如幼儿园有没有晚托班等，对孩子教育和园管理问题几乎没有涉及。这与最初开设信箱的目的有很大差距，于是园长在当月家委会上把这个问题提了出来。

"'网上园长信箱'是很好的途径，使家长可以便捷地和幼儿园管理者沟通，但是还得保持慎言，因为这个信箱是完全开放的，即使我是匿名的，可是针对具体的事情，我的身份对某些群体而言仍是明确的。"

家长的话使园长豁然开朗，人与人的对话有私密的要求，特别是家长担心老师会对孩子另眼相看。于是，幼儿园改进了"网上园长信箱"的运行方式，家长可以选择"联系方式仅版主可见"或者"悄悄话"，还可以选择回复家长私人信箱等等。改进后家长来信多了起来，对幼儿园管理也提出了许多问题和宝贵建议。

"女儿将进入小班，听说换了老师，本想趁家访和新老师沟通一下，没想到等了半天，老师临时有事叫别人送来了入学通知，连家门都没进……难道你们的家访只是一种形式吗？我觉得很失望，希望贵校能有更好的举措！"（悄悄话）

"网上园长信箱"的设立给园长的管理工作带来了新的思路，也带来了许多挑战。为了做好这项工作，幼儿园采用了"分"与"合"的管理策略。分——园领导班子分解责任、分头落实；合——将各种需求按性质类别整合，将事件与任务工作整合。在此过程中园长信箱逐渐成为富有创意的智慧平台，包含了三大工作系统：当日回复的应答系统、有效信息的监管系统和防范危机的应急处理系统。

当日回复系统是"网上园长信箱"能够成功的关键。具体做法是实行网上园长聘任制，由网上园长轮流值班来回复家长来信。网上园长由两类成员组成：一是党政班子成员，二是青年后备干部。因此网上回复系统也成为了青年后备干部预习管理的平台。

（案例编写：尤丽娜）

思考题

1. 现代幼儿园组织管理变革的重要性是什么？
2. 如何构建开放、互动的新型家园关系？
3. 在网络时代，幼儿园如何迎接新的挑战，利用网络技术加强自身管理？

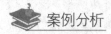 案例分析

案例中园长在面对家长质疑时的做法是难能可贵的。当家长质疑幼儿园管理水平并且提出不满时，园长不仅虚心听取意见，而且积极加以改正，进一步挖掘出家长无法和幼儿园有效沟通的深层次原因，并且采取措施，运用开放的管理理念积极推动"网上园长信箱"的建设。

组织变革是指运用行为科学和相关管理方法，对组织的权力结构、组织规模、沟通渠道、角色设定、组织与其他组织间的关系，以及组织成员的观念、态度和行为，成员之间的合作精神等，进行有目的、系统的调整革新，以适应组织所处的内外环境、技术特征和组织任务等方面的变化，提高组织效能。组织的发展离不开组织变革，内外部环境的变化，组织资源的不断整合与变动，都给组织带来了机遇与挑战，所以必须关注组织变革。

案例中幼儿园采用开放的姿态进行组织变革，积极调整自身策略，主动与家长沟通，增进幼儿园和家长群体的联系，以服务意识适应家长和社会的需求，成功地进行了组织变革。

幼儿园作为教育机构，适时地进行组织变革是必要的，是现代教育机构组织管理发展的诉求。案例中幼儿园采取了从封闭走向开放的管理方式，更好地实现了自身的良性发展，得到了家长和社会的支持和肯定。

在实际工作中，幼儿园不应只注重单向教育而忽视家园互动。家长与幼儿园沟通渠道的局限性，特别是信息的不对称有时会造成幼儿园与家庭教育的不一致，或者家长与老师在问题的处理上形成矛盾冲突，这样就极大地削弱了幼儿园的教育效果。

案例中的幼儿园以一种鲜明的开放姿态和服务意识为管理的立足点，体现出开放、互动的家园关系，即以追求共同教育价值为导向，以追求民主、和谐、开放、融合的家园关系为目标，以培养幼儿良好的人格品质为重点，创新家园合作理念，拓宽家园合作渠道，增强家园合作实效，具有高度的组织性、系统性、互动性和自发性等特征。

因此，幼儿园在构建开放、互动的新型家园关系时应注意以下几点：

1. 赋予家长更多权利

一般情况下，家长很少参与幼儿园教育，应该让家长全方位了解幼儿园

的教育理念、宗旨、教学方法和过程等，增强家长的参与意识，赋予家长更大的发言权。

2. 让家长成为幼儿园的一员

具体来说包括三点：一是维护家长对幼儿园工作的知情权。让家长了解幼儿园是怎样教育自己的子女、怎样安排全年教学计划和教学活动的。二是让家长参与幼儿园的环境创设。在参与环境设计和布置的过程中，了解幼儿园及幼儿活动情况。三是鼓励家长参加幼儿园日常活动。

3. 进行新的角色定位

实现角色定位的转变，就是要从传统的以教师为主的幼儿园教育向家长和教师共同参与教育转变，从教师主动、家长被动的不平等家园关系向家长和教师双方配合的关系转变，从以教师建议、要求，家长形式参与为主向信息交流、教育研讨为主转变。

任何一种关系的维系都离不开彼此的理解和相互的支持。信息时代，网络成为维系家园情感联系的纽带，"网上园长信箱"就是一种非常有效的沟通方式。以前，家长参与幼儿园管理最常见的形式是家长会、家长开放日、家园联系栏等，家园沟通是建立在不平等基础上的单向交流。网络平台的出现则扭转了这种局面，使家长和教师真正建立起平等、互动的关系，拉近了老师与家长的距离。

幼儿园在管理网络平台时有一些需要注意的地方，比如需要有专业的网络管理员维护、更新网站。一个合格的网络管理员需要有过硬的技术知识，并熟练掌握各种系统、设备的配置和操作。案例中通过网络管理与交流来培养幼儿园管理人员也是一种不错的方式。

当下越来越多的幼儿园已经意识到网络的宣传作用，很多幼儿园都建立了自己的网站，但是不少网站缺乏家长和老师交流的私密空间，完全将孩子的情况公布出来，家长难免会有些顾虑。解决这一问题的方法很简单，只要在家长留言时选择悄悄话的方式，就可以使家长和老师的交流带有隐蔽性，更便于双方畅所欲言。案例中，网络平台设置了悄悄话功能，这样的做法更加人性化，更能确保家长敢于并有针对性地对园管理提出问题。

（案例分析：李卓欣）

44. 孩子说的都是真话吗

 案例

　　某天园长正在办公室办公，老豆（豆豆父亲）推门而入，冲园长嚷道："你们老师太没师德了，居然打孩子，我要求换班、转学，我要到教育局告你们！"说完便摔门而去。

　　园长赶紧来到小一班查询此事，朱老师满腹委屈："豆豆这孩子，今天说老师不让喝水，明天说不让上厕所，净编些瞎话，还说我打他，真要把人冤死啊！我以人格、性命担保，绝无此事。"配班老师和保育员也证实绝无打孩子的事情发生。听完解释，园长意识到这是一件非常典型的"儿童崇拜"事件。

　　儿童崇拜是成人附加在孩子身上的一种幻想、追求和膜拜。因为成人发现世俗社会有诸多虚伪、狡诈等丑恶现象，因而他们对初来人世、纯真的孩子，既充满关爱又不免自惭形秽。他们认为孩子纯洁天真不会骗人，所以孩子说的话都是"真话"。

　　心理学家指出，孩子是尚未发展成熟的人，具有以自我为中心的思维特点，常把现实和想象混淆在一起，因此孩子在描述事情时，有的是亲眼"所见"的，有的是"听说"的，有的是"想象"出来的，而且他们特别容易受别人的暗示。很明显，豆豆是受到暗示性问题的启发，出现言语"失真"，老豆却对此深信不疑。为了让家长了解事情真相，园长准备了"儿童崇拜"及幼儿心理的相关资料，和老豆约好第二天会面。

第二天，老豆带着豆豆来到办公室。一看到园长，他便撩起孩子的衣袖，孩子左手臂上赫然有一道红印。园长问孩子怎么回事，孩子说是在椅子上撞的，老豆让孩子说实话，孩子否认是老师打的，之后孩子每次的说法都不统一，把老师和家长都弄糊涂了。因为成人询问时的暗示性特别强，问得越多，孩子的回答"水分"越多。看到孩子"胡说"，老豆气坏了，挥起巴掌就要朝豆豆拍去，园长马上劝阻了老豆并拿出准备好的资料让他回去看。

会面的效果显而易见。此后再也没听老豆提出换班、转园之类的要求，且老豆与老师联系特别频繁，还一起制定了针对幼儿言语"失真"的应对策略，主要有：

首先，教师和家长要对孩子的年龄特点和"儿童崇拜"现象有足够的认识。家长自觉避免儿童言语"失真"可能造成的误会，遇到问题先冷静下来。

其次，用建设性的方式处理问题，不要急于下结论，不要互相指责，更不要责骂孩子，而要齐心协力，加强彼此之间的交流合作，积极想办法解决问题。

再次，与孩子交谈应积极引导，避免因成人的消极暗示引发幼儿的言语"失真"，以致养成"说谎"的恶习。

最后，家园双方共同努力，为孩子创设表现的平台，帮助幼儿健康成长。

在以后的三个多月时间里，关于老豆父子俩的好消息不断传来：老豆的教育文章在校报上发表了；老豆在家长会上做了"儿童崇拜"的专题讲座；豆豆获得全年级幼儿讲故事比赛第一名；豆豆的绘画作品在《金葵花》报上发表了……

（案例编写：徐有香）

 思考题

1. 为什么家长和幼儿园教师容易产生冲突？分歧和矛盾主要表现在哪些方面？

2. 如何处理教师与幼儿家长的人际关系？

3. 如何巧妙化解突发事件，避免直接冲突与争执？

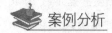 案例分析

　　沟通分歧、矛盾普遍存在于各类人际交往过程中，在幼儿教师与家长的交往中，由于双方所处的经济和社会背景不同，思想方式和立场有差异，教育素养、教育观念与教育方式也不尽一致，因此在认识和对待儿童的教育上双方容易产生分歧矛盾。双方的分歧和矛盾主要表现在两个方面：

　　1. 对幼儿在成长过程中出现的问题的归因

　　由于儿童在成长过程中难免会出现一些问题，教师和家长可能会相互责备对方没有教育好幼儿，不考虑具体情况就把责任推给对方。家长会埋怨教师对幼儿不够关心，而教师又抱怨家长溺爱、放纵孩子等。案例中豆豆爸爸一开始的行为就是典型的将责任推卸给园方的做法。将责任推卸给对方以宣泄自己的不满，很容易使双方矛盾升级甚至失控。

　　2. 对幼儿成长的评价

　　在对幼儿发展的评价方面，家园双方也极易产生分歧。家长对自己孩子的评价往往是在只看到一个孩子的基础上进行的，而教师是在对众多孩子的比较中得出结论。老豆是根据自己的理解做出孩子不会撒谎的判断，还进一步诱导孩子将原因归于教师。由于对幼儿心理特点不了解，家长很容易将成人世界的规则强加于儿童身上，从而得出错误结论，这一点也是教师需要特别注意的地方。教师作为一个专业人员要及时以专业知识来提醒家长，化解分歧和矛盾。

　　要处理好教师与家长的人际关系，主要从以下几点着手：

　　1. 幼儿教师努力学习和掌握幼儿教育的专业知识，提高自身专业水平

　　在儿童教育方面，教师具有专业知识，可以更好地给家长分析幼儿的成长发展与不足，有的放矢地为家长在教育孩子过程中遇到的难题出谋划策，帮助家长解决具体困难，提高家长科学育儿的水平，也提高家长对教师的尊重与信任。案例中园长看到老豆的做法后很快找出问题原因，并给家长展示专业材料，这些都有助于矛盾的解决。

　　2. 发挥教师的主动作用，增强家园双方的信任感

　　教师应主动向家长介绍幼儿园情况，使家长理解教师的意图和方法，以

赢得家长的信任，从而配合教师工作。教师还要主动了解家长的顾虑，揣摩家长心思，选择恰当的时机与方式，开诚布公地与家长交流看法，并以实际行动及时消除顾虑，让家长放心。实践表明，如不及时主动和家长保持联系，一旦家长发现问题再来询问，教师会很被动，且易发生误会。

3. 教师要放下架子，正确对待并非合理的意见

现实中往往会有个别家长对教师不够尊重，对幼儿园工作有偏见，不了解教师的苦衷，对此，教师应该保持冷静的心态，主动沟通情况，坦诚交流看法，取得家长理解，并且要讲究谈话的技巧方法，给家长以足够尊重，尽量用请教的态度和口气提出看法，把找出问题的主动权让给家长，耐心听取家长意见。教师在指出问题的同时，还要多方面、多层次地分析原因，提出具体的、切实可行的改进方法。

4. 家园双方要相互尊重，换位思考

教师要体谅家长的爱子之心，因为教师是施教者，容易产生优越感，遇事爱坚持自己的观点，很容易伤及家长的自尊，影响与家长的关系；家长也要体谅教师的工作，明白教师的出发点也是为了孩子成长，要尊重教师，相信教师，遇事和教师及时沟通。这样不仅有利于家园双方的良性互动，也有利于儿童的健康成长。案例中后半部分的家园互动就给我们树立一个很好的榜样，这样做对教师、家长和孩子都是十分有利的。

面对突发事件，教师要避免与家长发生直接冲突与争执。

首先，以平和的心态正确看待家长的过激行为。有个别家长在事件发生后，完全失去理智，一味批评、指责、挖苦教师，即使这种情况发生了，教师也要保持冷静，耐心倾听家长的批评。家长在发泄后就会平静下来，认识到冲动不利于问题的解决，会为自己的过激言行检讨，接受教师的处理办法和建议。

其次，从旁观者的角度提出意见和建议。有的家长会因对教师的一些做法不理解而变得固执己见，遇到这样的情况，有经验的教师会采取"退后一步"的办法，避开家长的话题，从旁观者的角度提出一个意见或建议，让家长试试，维护家长自尊的同时促进问题的解决。

（案例分析：李卓欣）

45. 离异母亲的反常举动

 案例

　　红红的父母离异后，她跟着享有抚养权的爸爸一起生活。红红的妈妈想来幼儿园看她，教师在征得其父亲的同意后，提出只能在园看，不能接走这一要求，红红妈妈接受了。但她来园时经常把红红带出去玩，并且不按时将孩子送回幼儿园。教师多次提醒后，她仍然如此。出于对孩子的负责，教师跟红红的父亲进行协商，建议将母女见面的时间安排在周末，不影响红红在园的正常生活。父亲答应了，并与红红妈妈进行了沟通。

　　之后的一天，红红妈妈又来到幼儿园要看孩子，教师给予合理回绝。她又找到园长诉说思念女儿的心情，请求园长让她见红红。经过考虑后，园长答应了，但提出只能在幼儿园内见一会儿，不能将孩子带走。可是红红妈妈将孩子接出来后便将其带离幼儿园，一去不返。园长发现孩子没被送回班里，意识到了事情的严重性，及时与红红的父亲取得了联系，说明了情况，并一起通过多方渠道寻找红红妈妈和红红的下落，包括与当地派出所和红红妈妈的单位联系，但都没有音讯。

　　园长认识到自己在管理上的疏忽，便及时采取了一系列措施。先是稳定红红爸爸的情绪，主动承担失误和责任，并就有关问题向律师咨询以了解事情的妥善处理方法。在多方努力下，红红妈妈出现了，但提出要把孩子的抚养权交给她，才把孩子送回幼儿园。红红父亲大为恼怒，双方争执不下。园长从有利于孩子未来发展的大局出发与红红的父母进行了长谈，从环境、情感及孩子的心理承受能力等多方面进行了分析，帮助家长认识到不管如何解决，都要考虑到孩子的感受。

纠纷解决后，园长在园管理制度上增加了单亲幼儿的相关管理制度，具体为：（1）幼儿入园时，监护人应如实说明幼儿家庭情况。（2）幼儿在园期间，不接待无监护权家长或亲属的探视。（3）单亲幼儿的家庭矛盾不能带到幼儿园解决。（4）教师对本班单亲幼儿家长出现的问题，要及时汇报。（5）幼儿的监护人转移应及时通知幼儿园。同时，园长在全园大会上对自己工作的失职进行自检，并扣发自己当月结构工资。

思考题

1. 管理单亲幼儿时应当明确怎样的方向和目标？
2. 你对园长最后以制度化方式规范单亲幼儿管理的做法有何看法？
3. 对单亲幼儿应当采取怎样的教育教学手段？

案例分析

单亲家庭是指由于父母离异或其他变故形成的只有父亲或母亲与未成年子女一起生活的家庭。孩子的健康成长离不开良好的家庭环境，尤其学前阶段是人一生最重要的时期，这个时期儿童主要发展安全感、自主性与主动性，儿童的性格在这一时期基本定型。处于单亲家庭的幼儿由于家庭结构不完整，可能会出现心理或行为上的问题。同时，单亲家庭还常会给幼儿园管理工作带来一些问题，比如幼儿的日常接送活动由谁负责、与孩子家长的交流、举办集体活动时家长的参与问题等等，这些问题如果得不到很好的解决，可能给幼儿园看护工作带来不必要的麻烦，影响幼儿园正常活动和工作秩序。

幼儿园在单亲幼儿的教育教学管理过程中应当注意以下几点：

1. 以幼儿园的教育目标为前提依据

教育目标是幼儿园管理的出发点和归宿，根据《幼儿园管理条例》、《幼儿园工作规程》、《幼儿园教育指导纲要（试行）》的规定，幼儿园应当通过科学保育教育，促进幼儿身心健康快乐成长，使幼儿的兴趣、特长、才智得到早期开发，体、智、德、美等方面均衡发展，养成良好的品德和行为习惯。幼儿的安全是幼儿园保育中的首要任务，是保障幼儿得到发展的重要前提，所以对单亲幼儿教育教学的管理首先要落实安全管理，避免由于园管理体制或教职员工的疏漏产生问题。同时，在教育教学上也要对单亲幼儿的问题给予重视。

2. 以理解和尊重为沟通渠道

案例中，红红妈妈要求在平时也能见到孩子并把孩子带出去。在与单亲幼儿家长的交往中，要对其遇到的困难表示尊重和理解，在不影响幼儿园正常秩序、对幼儿没有伤害的前提下，给予帮助和支持。对不符合幼儿园规章制度，或不利于幼儿身心健康的行为，从幼儿的安全和发展的角度考虑，管理者应当心平气和地与家长解释交流，以换取家长的理解和配合。

3. 情感和制度相结合

对待家长时，管理者一方面要用情感来打动家长，与家长充分交流沟通，另一方面也不能忽视制度管理的作用。管理中光有情感是不够的，可能会造成管理上的漏洞，如案例中家长向校长哭诉自己的遭遇，园长采取了真情互动、信任理解的做法，家长却将孩子带走了。情感与制度两者在幼儿园管理中都是不可或缺的，要结合运用。

幼儿园如果缺乏严格的规章制度，管理就会缺少规范化和科学化。但是如果实行刚性管理的同时，忽视情感的投入，忽视人文关怀，幼儿园就会像一部运行着的机器，缺少人情味。实践证明，幼儿园在刚性管理的同时，也应注重柔性管理，二者并用才能收到良好的效果。

园长明确制度的做法有利于幼儿园管理，可以保障园内工作正常进行。同时，建立明确完善的制度可以实现依法办园，防范于未然，快速有效地实现幼儿园管理单亲家庭幼儿的目标。但同时，单纯的制度管理容易使管理者忽视情感的作用，比如制度中提到"幼儿在园期间，不接待无监护权家长或亲属的探望"，这样的制度对单亲幼儿的家长可能会造成伤害。所以制度的建立不能只考虑方便幼儿园的管理，还要考虑幼儿的发展和家长的合理需要，不能违背幼儿园为家长和幼儿服务的理念。

《幼儿园管理条例》、《幼儿园工作规程》、《幼儿园教育指导纲要（试行）》指出：幼儿教育在面向全体的同时必须注重个性差异，对不同年龄体质、不同兴趣爱好、不同性格特长的幼儿，采取不同的教育方式，提供不同的游戏平台，确保不同的幼儿共同进步。由于家庭结构的原因，可能会导致单亲幼儿各种不良心理，比如错误的自我意识、敌意、孤独、敏感、抑郁等，行为上可能会出现退缩、攻击、逆反倾向。对待这样的幼儿，教师更要有责任意识，要正确看待单亲幼儿的差异，给予他们更多的关心。由于家庭不安定，孩子在幼儿园可能会显得心事重重。这时，他们最需要老师轻声地问一句："你怎么了？"如果老师说"别理他，一会儿就好"，孩子的心灵将会受到很大的打击。

对单亲幼儿来说，教师的尊重、鼓励和欣赏等能增加单亲幼儿的自我认同感，树立他们的信心，减少由于家庭结构不完整造成的心理问题。总之，幼儿园的管理要为幼儿创设良好的教育环境，要树立"一切为了孩子"的良好园风，热爱、尊重幼儿，使每个幼儿在园情绪愉快，并与家长形成密切的合作关系，共同为幼儿的成长努力。

（案例分析：艾浩）

46. 如何处理教师与家长的矛盾

 案例

　　一天下午，一位家长气冲冲地来到园长办公室，大声说："你们幼儿园老师素质太差了！"李园长一听愣住了，但是仍然很客气地说："这位家长，请你消消火，到底发生了什么事情？"在李园长的一再安抚下，家长才说出事情的来龙去脉。

　　原来，她是小一班一个孩子的家长。她的孩子把大便拉在裤子里了，她刚才接孩子的时候，看见刘老师让孩子站在水池子里给孩子清洗，她没有弄清情况，就生气地质问："你是用热水给孩子洗屁股的吗？"正给孩子清洗的刘老师一听也生气了，没有好气地回了一句："是用热水！"那位家长用手一试真是热水，就没说什么。接着，刘老师就给孩子穿衣服，态度有些不好，家长再问什么她也不回答了，而且脸色一直都不好看。

　　于是，该家长很生气地来找园长。李园长极力安抚这位家长，并马上把刘老师叫过来了解情况，然后要求刘老师给家长道歉，并向家长保证以后不会再有类似事情发生，家长听了刘老师的道歉后就离开了。

　　刘老师觉得特别委屈，李园长对她说："咱们的工作就是要让家长满意，即使家长有做得不对的地方，你也不应该对家长耍态度，这样会让家长认为我们的老师没有素质，缺乏涵养。"刘老师一边哭一边说："园长，你知道我今天洗了几个拉裤子的孩子吗？我洗了三个，家长还这么不理解，这工作真没法干了。"李园长听后安慰道："你辛苦了，看来我对你们的工作了解得还不够，我应该用更多的时间来了解你们。"在李园长的劝慰下，刘老师慢慢平静了下来。

（案例编写：黄世敏）

思考题

1. 幼儿园对幼儿的管理到位吗？
2. 教师对待家长的态度是否妥当？
3. 你认为幼儿园在经历此事后应该如何改进？

案例分析

《幼儿园教育指导纲要（试行）》指出：家庭是幼儿园重要的合作伙伴，应本着尊重、平等、合作的原则，争取家长的理解、支持和主动参与，并积极支持、帮助家长提高教育能力。

我国著名教育家陈鹤琴先生曾经说过：幼稚教育是一种很负责的事，不是家庭一方面可以单独胜任的，也不是幼稚园一方面可以单独胜任的，必须两方面结合才能取得充分的功效。幼儿教育不仅仅是幼儿园的责任，也是家长的责任，家长对幼儿园的支持与帮助是抓好幼儿教育的重要环节。

案例中的幼儿园对幼儿的管理不是很到位。《幼儿园工作规程》规定幼儿园实行保育和教育相结合的原则，幼儿园不仅要教给孩子知识，也要保护孩子的身体健康。3月份的天气还是挺冷的，教师让孩子站在水池子里清洗，由于幼儿的抵抗力比较弱，这样做很可能会导致孩子感冒生病。由此来看，教师没有尽到真心爱护幼儿、保护幼儿身体健康的职责，难怪家长会生气。同时也看出，该幼儿园在园舍和设备上不是很齐全，硬件设施较差，连基本的幼儿盥洗室都没有，幼儿拉裤子后只能站在水池子里清洗，确实让家长比较担心。因此，该园要大力发展硬件设施，保障孩子的身体健康。

《幼儿园工作规程》里明确规定，幼儿园按照编制标准设园长、副园长、教师、保育员和其他工作人员，并且分别规定了教师和保育员的职责。幼儿园教师对本班工作全面负责，其主要职责如下：（一）观察了解幼儿，依据国家规定的幼儿园课程标准，结合本班幼儿具体情况，制订和执行教育工作计划，完成教育任务；（二）严格执行幼儿园安全、卫生保健制度，指导并配合保育员管理本班幼儿生活，做好卫生保健工作；（三）与家长保持经常联系，了解幼儿家庭的教育环境，商讨符合幼儿特点的教育措施，共同配合完成教育任务；（四）参加业务学习和幼儿教育研究活动。

幼儿园保育员的主要职责如下：（一）负责本班房舍、设备、环境的清洁卫生工作；（二）在教师指导下，管理幼儿生活，并配合本班教师组织教育活动；（三）在医务人员和本班教师指导下，严格执行幼儿园安全、卫生保健制度；（四）妥善保管幼儿衣物和本班的设备、用具。

由此可以看出教师和保育员有着各自的职责与任务，应各司其职，协调配合，但是该案例中却看不到保育员的身影。一般而言，像帮助幼儿清洗屁股之类的工作不应该是教师来做，而是保育员的职责。可以猜测，该园并未设专门的保育员，大部分工作都由教师亲自完成。人的精力都很有限，教师还有本职工作要做，难怪教师会感到委屈了。从这个角度说，该园要增加保育员等工作人员，合理配置职工，使其各司其职。

幼儿园教师一定要学会处理与家长之间的关系，使两方面的教育形成合力，促进幼儿身心健康发展。本案例中的教师就未能很好地处理与家长的关系，对待家长的态度不正确，未能很好与家长沟通，导致产生矛盾。作为教师，应该注意与家长交流的技巧。教师不经意的一个眼神或动作，家长都会非常在意。案例中家长因为爱子心切，在言语上有些过激也是可以理解的，这时，就需要教师克制自己的情绪，耐心地向家长做出解释。

在该案例中，还可以看到园长在化解教师和家长的矛盾中所起的积极作用。但是，园长还可以从以下几方面着手努力构建新型家园关系。首先是重视家长工作，一方面强化全园教师对此项工作重要性的认识，把它作为重要工作内容，列入每学期的工作计划中去；另一方面指导教师正确理解新型家园关系、掌握与家长沟通的技巧。其次，开展丰富多彩的家园活动，让家长了解幼儿园，协助、参与幼儿园工作。另外，园长作为园管理者还要处理好园内的各种关系，营造充满人文关怀的工作氛围。

（案例分析：殷惠娟）

47. 杨老师"打"孩子

　　一日，小班丁丁的妈妈怒气冲冲地走进园长室，投诉班主任杨老师打丁丁屁股。园长听后心中一惊，园里一直很重视教师的师德建设，之前从未发生过这样的事，且杨老师是骨干教师，工作热情，业务水平过硬，责任心、事业心都很强，这种事情怎么会发生在她的身上呢？虽然园长满腹疑惑，但见家长正在气头上，忙倒了一杯水递到家长手中，请她坐下消消气，并耐心询问事情原委。

　　家长面带怒色地对园长说："昨天我接孩子回家，问孩子玩得怎么样，孩子说老师打他屁股了。这孩子从生下来我们家长都舍不得动他一个手指头，你们当老师的怎么能打他呢?! 你们幼儿园还是市级示范幼儿园呢，怎么能出现体罚孩子的现象呢？"说着家长激动地站了起来大声说："你们必须给我一个说法！"园长一边安抚家长一边说："丁丁妈妈，首先我先向您真诚地表示歉意，是我们的工作不到位给您带来了麻烦，请您相信我们一定会认真对待这件事，也请您给我们一点时间，让我们了解一下具体情况，如果真如孩子所说的，我们一定严肃处理，给您一个满意答复。"

　　送走了家长，园长找到了小班杨老师询问此事。杨老师委屈地说："我没有打人。当时我正和小朋友们扮演妈妈和孩子的角色游戏，有小朋友来向我报告说丁丁打了几个小朋友。想到丁丁平常总爱'出手'，于是我抓住契机以妈妈的身份对他进行了教育，告诉他妈妈不喜欢淘气的宝宝，如果再这样淘气妈妈就要打宝宝屁股了，但并未真的打，只是作势轻拍了两下。"听完杨老师的解释，园长又找到当时在班的保育员和其他幼儿了解情况，但保育员当时不在场，而班上幼儿年龄小表述不清，无法证实杨老师所说的是否属实，同样也无法证实丁丁所说的是否属实。

在求证无果的情况下，园长经过分析，推断"打人事件"存在两种可能：一是丁丁因为年龄小，不能正确理解教师的语言和行为，引起了家长对杨老师的误会；二是杨老师在客观上的确有打孩子的行为，虽然不一定是主观故意。

为了平息事态，消除不良影响，园长本着安抚家长的原则将第一种可能作为真相告诉家长，并带着杨老师一起向家长道歉，同时就孩子的教育方法及家园的沟通交流等细节与家长进行了探讨。

事后，园长找来小一班的两位老师和保育员详细分析，与她们探讨新形势下幼儿教育的指导思想和方法，既要选择符合幼儿年龄特点的教育方法，还要提高服务意识和服务能力。园长对三位老师进行了严肃批评，要求她们在今后工作中注意方式方法，多与家长沟通，多倾听家长的想法和意见。

为防止类似事情再次发生，园长在园务会上宣布了处理意见：虽然此次事件无法认定事实，但无论何种原因杨老师都有不可推卸的责任，如果杨老师工作责任心再强一点、工作再细致一点、处理再有技巧一点，投诉是完全可以避免的。依据幼儿园奖惩制度规定，杨老师由于工作失职接到家长投诉，要扣发当月效益工资。然而，杨老师对园长公布的处罚决定难以接受，抵触情绪很大。

（案例编写：杨琨）

 思考题

1. 杨老师为什么对园长的处罚决定难以接受，且抵触情绪很大？
2. 在这次事件中，园长对家长、教师的处理方式是否得当？
3. 如果你是园长，你将如何反思这次事件？

 案例分析

杨老师对处罚结果难以接受且抵触情绪较大，大致上有以下几种可能的原因：

（1）园长在没有证实事实的情况下，对杨老师进行了严肃批评和处罚。如果事实确实如杨老师所述，杨老师感到委屈是必然的。

（2）杨老师是园里的骨干教师，在同事中有较高声望，园长在园务会上当着所有教职工宣布处罚，对杨老师的声誉有所影响。

（3）园长在公布处罚决定之前并未与杨老师充分沟通。

（4）园长并未考虑杨老师平时业务上的积极表现，没有因其多年的功劳而给她"面子"，因此杨老师觉得园长不太重视或信任自己。

面对家长怒气冲冲地投诉，园长并没有与家长针锋相对，也没有推卸责任，而是先安抚家长情绪。这既体现了园长在处理问题过程中的沉着、冷静，也体现了其真正将家长看作服务对象的态度。另一方面，园长并没有听信家长的一面之辞，而是先找到杨老师等调查、了解情况，给予教师解释说明的机会，这是对教师的尊重，有效地维护了教师的工作积极性。

园长对这次事件的处理基本上采取了一个中立客观的态度，他没有听信一方之言草率地下结论，而是亲自调查求证，了解情况。为防微杜渐，对杨老师进行处罚，也是严格执行规章制度，并没有因为杨老师平时有功而特殊对待。从这点来看，园长对本次事件的处理基本上是正确的，做到了严守自己的角色责任，但是在具体细节上，尤其是对杨老师的处理，园长的做法有欠妥当之处。

后来园长对家长的回复是经过理性分析的，因为家长性格比较急躁，因而在求证事实无果的情况下，为息事宁人，园长采取了避重就轻的解释，并主动道歉，与家长交流孩子的教育方法问题，争取家长的理解。

幼儿园的规章制度作为幼儿园里具有约束力和强制力的"法"，在实施过程中，必须具有一贯性、一致性。幼儿园要做到有章可循、制度面前人人平等，以保障全园良好的工作秩序。对杨老师"打人"遭到家长起诉的事情，园长并没有因为杨老师平时的功绩而特殊对待，而是严格按照规章制度施以处罚。这体现了园长带头严格执行各项规章制度的意识，给全园职工起到了行为示范作用，促使他们自觉遵守幼儿园的各项规章制度。

但是，倘若园长在工作中更注意使用人性化的管理方式，适当考虑杨老师的平时表现，事先与杨老师沟通，引导其理解自己做出这一决定的苦心，使其相信这一决定对事不对人，则可避免其出现抵触情绪。作为园管理者，必须吸取经验教训，在今后的管理工作中注意以下几方面。

1. 注重细节，提高教师教育水平和沟通能力

案例中该幼儿园一直重视教师师德建设，从来没有发生过家长投诉教师体罚的事情，而杨老师是园里的骨干，业务水平高，却遭到家长的投诉，此时作为主要管理者的园长就需要考虑，是不是园里工作在细节问题上出现了疏忽：在对教师进行培训的时候，是否忽略了教育技巧和沟通能力方面的训练；教师在对幼儿进行教育的时候，是否了解幼儿家长的家庭教育方式，是否采取了符合幼儿年龄特征的教育方法，是否在具体的一言一行上小心留意。

2. 严格制度管理，防微杜渐

制度是幼儿园管理的根本，是幼儿园正常运转的保证。制度的实施应具有一贯性和一致性，不能因人而异。虽然不能明确"打人"事件是否为真，但是也不能完全排除教师隐性体罚存在的可能性，尤其是如果其他教师也以类似的方式对孩子进行体罚，那么将对孩子身心健康发展、幼儿园的声誉带来很大的消极影响。因此，为保证全园教职工严格遵守制度规定，防微杜渐，有必要严格照章办事。

3. 制度与人文并存，保护教师的工作积极性

虽然制度具有权威性和规范性，但是制度的有效实施光靠强制力并不能长久，反而会造成上下级之间关系的对立，削弱员工的工作积极性。作为管理者，应同时运用人性化的管理方式，多和教师进行沟通商量，引导教师理解领导的一番苦心，争取教师积极的配合。

4. 积极沟通，实现家园共育

家庭和幼儿园是影响幼儿发展的两大主要环境，家长与幼儿园的相互信任与配合，对孩子的成长有着重要的影响。幼儿园教师受过专业训练，有扎实的专业知识和理论基础，而家长对孩子平日的表现了解得更加深刻，双方在教育过程中都积累了许多经验，因而应该互取所长，经常沟通交流，共商教育方法。尤其是教师，更应该采取积极主动的态度，通过多种途径与家长沟通交流，更好地了解孩子的兴趣、爱好、个性特征、家庭教育方式，实现家园共育。

（案例分析：廖芳萍）

48. 浩浩为什么不愿意来幼儿园

 案例

　　小班李老师刚刚大学毕业，年轻活泼，每天与孩子打成一片，孩子们都很喜欢她。可是开学后不久的一天，她班上的浩浩的妈妈突然找到园长，要求给孩子调班，园长问为什么，她只说孩子现在对幼儿园很抵触，都不愿意来幼儿园了。园长听了以后，没有立刻答应，建议先进一步了解情况再做决定。送走家长后，园长想当班的小李老师是新教师，可能是处理事情的方法有问题。

　　园长来到班上了解情况，小李老师向园长介绍了浩浩的一些情况：孩子的攻击性行为较多，经常与其他小朋友发生冲突，引起其他家长的不满，其他孩子也都疏远了他。为此，教师对浩浩进行了教育，并在晚上离园时向家长告了状，孩子可能因此不愿意来幼儿园了。

　　得知事情原委后，园长与李老师一起分析。园长告诉李老师，从孩子的心理特点上分析，3～4岁的幼儿不会交往，是攻击性行为发生的高峰期，4岁后才呈逐渐下降的趋势，家长和教师要正视这样的行为，采取适当的手段进行教育和引导。另外，教育孩子要因人而异，不可过于严格要求，更不能因幼儿犯错而孤立幼儿，要始终用"鼓励、引导和体验"的正面方法帮助幼儿养成良好的行为习惯。同时，当孩子出现问题时，要及时与家长联系，不仅仅是反映情况，更重要的是了解幼儿的家庭教育情况，得到家长的支持和理解，以共同制定教育策略，帮助幼儿尽快改正缺点。小李老师听后觉得自己的教育方法有一定问题，表示愿意用园长建议的方式试一试。一段时间后，浩浩的妈妈再次找到园长说不用给孩子换班了，并反思了自己在教育孩子上存在的问题，还向老师道歉，对老师认真的工作表示感谢。

（案例编写：高歌今）

思考题

1. 家长为什么要求给自己的孩子调班？她的要求合理吗？

2. 浩浩经常与其他小朋友发生冲突且引起其他家长的不满，李老师应该怎样处理？

3. 在这件事情的处理上园长的做法合理吗？她应该怎样避免类似事情的发生？

案例分析

李老师告诉家长浩浩在班上经常与其他小朋友发生冲突，或许家长便开始推测浩浩不喜欢这个班级，老师也不喜欢浩浩，所以就要求调班。幼儿园是以教育好孩子、服务好家长为目标的，家长不仅是幼儿园的服务对象，也是幼儿园工作的合作者、监督者和评价者。家长有提出自己请求的权利，所以提出自己的想法和意见是合理的。

但是这位家长既没有了解事实情况，也没有与老师交流，不清楚是自己孩子的原因还是外界的原因造成了孩子厌学，就提出了调班的要求，这样的要求是不科学的，也不能从根本上解决浩浩不愿意来幼儿园的问题。

家长首先应该问问浩浩为什么不愿意上幼儿园，是不喜欢其他小朋友，还是不喜欢老师，或者是不喜欢幼儿园的课程和游戏。因为浩浩还是小班的学生，语言表达能力还未发展充分，所以家长还必须与李老师进行沟通，了解浩浩在幼儿园的情况，以及浩浩经常与其他小朋友发生冲突的原因。当家长知道浩浩攻击性行为多这一情况后，还应该反思自己的家庭教育，与老师商量、配合，家园双方合作，尝试各种方法来改正孩子的攻击性行为。

李老师年轻活泼，在班里与孩子们打成一片，浩浩与其他小朋友发生冲突的时候，她应该发挥自己的亲和力，调节孩子们的情绪。同时给予浩浩更多的关注，引导浩浩找到自己的兴趣点，安静下来去做自己喜欢的游戏，同时引导浩浩体验与其他小朋友友好相处的乐趣。另外，李老师还可以安排小组协作的游戏，培养儿童团结互助的精神，帮助他们建立责任感，减少攻击性行为的发生。

幼儿园的教师不仅担负着保育和教育的实践工作，也是孩子们在幼儿园的直接监护者，最清楚孩子之间相处的细节。所以李老师有责任向其他小朋友的家长解释发生冲突的具体情况，并向浩浩妈妈说明事情的经过。同时李老师也必须学习幼儿身心发展的规律，与家长分享科学育儿知识，共同促使幼儿健康成长。在案例中，李老师应该尽量让其他幼儿的家长了解幼儿心理学知识，理解浩浩现在的攻击性行为，并努力与浩浩妈妈一起，通过家园配合使浩浩的攻击性行为慢慢减少乃至消失。如果其他家长仍然不满，还可以让浩浩妈妈与其他家长直接沟通。从这一方面来说，李老师还得担任不同家长之间相互交流的桥梁角色。

幼儿园是以教育好幼儿、服务好家长为目标的，家长有权提出自己的意见和请求，园长也应该虚心听取。但是这些意见请求必须以事实为基础，并且有利于幼儿的健康成长或者有利于解决幼儿当下的成长问题。案例中的园长耐心了解了家长的请求，但家长要求调班的理由不具体、不充分，所以园长并没有马上答应，而是建议进一步了解情况以判断调班是否真的有利于孩子的健康成长，园长的做法是合理而且科学的。

园长的责任是管理好幼儿园，也包括管理好幼儿园的教师。幼儿园作为学前教育机构，并不能代替家庭教育，必须与家庭保持密切联系。园长对教师的管理包括引导教师与家长交流，一方面使幼儿园的教育措施得到家长的支持和理解，另一方面促进教师与家长合作，一起制定教育策略，为孩子创造更好的成长环境。案例中的园长并不是一味地批评李老师，而是引导李老师处理好与家长的沟通问题，让李老师反思幼儿园教育和家庭教育之间的关系，这样的做法也是合理且科学的。

从长远来看，幼儿园一方面可以定期组织教师学习幼儿身心发展规律等知识，另一方面可以成立家长委员会，密切家长与幼儿园的关系，促进家庭教育和幼儿园教育的配合，也促进不同家长间的交流和相互理解，避免因为不满幼儿的攻击性行为而孤立幼儿，共同为儿童的身心健康发展献策献力，创建文明和谐的幼儿园环境。

（案例分析：肖艺芳）

49. 孩子真的"背"起了老师吗

 案例

某日晚，园长在家接到小丽老师的电话，说班里一位孩子的家长反映孩子近几天腰部疼痛，孩子说是因为在幼儿园背了老师，家长也信以为真。小丽老师说："园长，我可以肯定地说我没让孩子背，只是在游戏时把双手搭在孩子的双肩上说'你好能干哦，把小丽老师背起来了'。"园长感觉这件事情并不简单。

第二天上午，孩子的母亲和长期照看孩子的姨妈来到园长办公室，反映了"孩子因背教师而导致身体不适"的情况，并说："我们的孩子肯定不会乱说，我们想不通，教师为什么会让孩子背，我们一夜都没睡好觉。我们希望给孩子换个班，这事要请园长给我们一个说法。"听完家长的讲述，园长诚恳地说："我会认真调查此事，并在今天之内跟你们联系。"同时拜托家长密切关注孩子的情绪和身体状况。

家长离开后，园长将小丽老师叫到办公室，仔细询问了事情经过。小丽老师一再表白自己没有让孩子背，园长对小丽老师说如今家长已经认定这是事实，再解释会非常困难。小丽老师很无奈，便沉默不语。园长希望她有勇气面对家长，以真诚换取家长的再度信任，与园长一道做好解释和疏导工作。

第三天上午家长如约来到了幼儿园，情绪依然很不平静。园长与家长的交谈归纳起来有以下几点：

其一，关于孩子背教师，园长认为，从跟教师的交流和家长的反映来看，教师的确说过并做了相应的动作，但是否真让孩子将教师背起来了，从情理和实际状况上讲都不太可能，但就此事给家庭带来的影响和不安园方表示很抱歉，并保证今后不会再发生类似事件。为了对孩子负责，园方可带孩子到医院做相应的检查，以医院的诊断鉴定为最后判定的依据。

其二，建议家长多关注孩子在幼儿园的生活和游戏，多与孩子相处交流。孩子的姨妈赶紧说："我们很关心啊，孩子有时回来说，今天很高兴，在幼儿园当值日生还是当组长了……"园长接过来说："我感到你没有真正了解和倾听孩子在幼儿园的生活，你甚至没弄清他到底是当值日生还是组长，如果是我就会问清楚，还会进一步追问'那你是怎么当值日生（组长）的？你都为小朋友做了哪些事呢？'这样既能强化孩子的愉悦情绪，分享孩子的快乐，还能帮助孩子在回忆中自我检查应该怎样为小朋友服务，学习为他人和集体服务的经验，同时还能训练孩子的口语表达。"园长进一步跟家长交流了在孩子成长期间如何努力学习做一个智慧型家长，如何利用资源加强与教师的沟通和配合，让孩子在幼儿园快乐、健康地成长。

最后，园长建议让小丽老师跟家长直接交流，表达她的歉意和想法，可孩子家长断然拒绝，尤其是孩子的姨妈态度非常坚决。于是园长以自己对人对事的经验进一步表达了宽容和接纳的意义，后来孩子的母亲表示可以与教师交流，而姨妈还是坚持不接受教师的道歉。

小丽老师对此事件的深刻认识和对家长的真诚歉意，打动了家长，家长接受了她的道歉，并愿意把孩子继续放在她班上。

在家长离开之前，园长送给家长一本池莉写的书《来吧，孩子》。

当晚小丽老师给园长发了一个信息，表示自己会引以为戒，更加细致地做好班级工作。园长给她回信说："感谢你的真诚，欣赏你的承担，切望加强专业修养，相信你会做得更好！"

（案例编写：罗虹）

 思考题

1. 家长的反应说明了什么？为什么？

2. 如果你是小丽老师，你会怎么做？

3. 从园长处理事情的经过我们能够学到什么？

案例分析

　　案例中的园长对待家长的态度和行为得当。当家长对教师工作不满时，园长没有与家长针锋相对，避免了矛盾激化，也没有推卸责任，对家长爱理不理，而是先稳住局面，弄清情况，进而消除误会并主动道歉。可见，园长对幼儿园的性质和任务认识得非常清楚，在处理事件的整个过程中，园长表现得平静、理智，既没有责怪家长态度不好，也没有责怪教师做事不谨慎，能够真正把家长当作幼儿园服务的对象，把教师当作合作的伙伴，积极主动地成为家长和教师沟通的桥梁。

　　家长既是幼儿园服务的对象，又是幼儿园工作的合作者、监督者和评价者。作为公益性服务机构，保教幼儿、服务家长是幼儿园的任务，其中保教幼儿是基础、主导，是设立幼儿园的根本目的，也是家长们最关心的问题，幼儿园正是通过保教幼儿为家长服务的。尽管家长认为教师行为存在严重过错，但在园长的开导下能够认识到自身教育过程中存在的问题，并接受园长的建议与老师和解，继续把孩子留在原来的班级，这对孩子、教师都是最好的处理方式。

　　然而，家长毕竟不是专业教育人员，加上有些家长受自身文化素养的限制，有时可能不太冷静，过于急躁、片面。园长和教师应理解、包容家长，等待并帮助家长冷静，然后向家长摆事实、讲道理，引导他们树立正确的教育观念。本案例中，园长处理事情时顺着家长的思路，然后指出存在的问题，用智慧和真挚情感让家长信服，并提出对家长非常有益的建议，这是管理者运用智慧和策略解决问题的表现。最后，园长还赠予家长一本具有教育意义的书，更让家长感动，这样的园长难道家长还会不信任吗？

　　幼儿园和家庭是幼儿健康成长最重要的两个场所，只有二者建立融洽的合作关系才能为幼儿健康成长打下良好的基础。一时的冲突或偶然事件是不可避免的，如果懂得妥善处理，家长与幼儿园的联系将更紧密，幼儿园与家长的沟通途径也将更多元化。幼儿园在与家长的合作中也学会了从家长的角度看问题，家长也会更理解和支持幼儿园的工作，从而营造出一种更平等、更真诚的合作氛围。

　　案例中的园长对待教师的态度和行为也是妥当的。当家长指责教师工作中存在的不足之处时，园长不是武断地否定教师，而是尊重、信任教师，深入实际，调查了解，给教师解释说明的机会，维护了教师的自尊心，同时又从中及时发现了教育工作中存在的问题。人是社会的一员，生活在团体或组织中，都有被尊重、被承认的需要，这会直接影响人在团体或组织中的工作积极性。满足教师被尊重、被理解的需要，充分调动教师的工作积极性是幼儿园管理者必须重视的一个方面。

这一案例还体现了园长对幼儿园情感管理的成功运用。从管理学的角度说，只有把人、财、事、物、时空、信息诸要素有机结合起来，才能实现管理目标。其中人是最活跃、最能动的因素，教职工的思想状况、工作态度、积极程度等都直接关系到工作绩效。作为园长，在幼儿园的日常管理工作中，面对一些棘手的事情，在情感与制度之间要深思慎行，既要尊重制度，也要考虑职工的情感，还要满足家长的要求，在不挫伤教职工工作积极性的前提下执行制度。

案例中也折射出教师的自我情感管理。实际工作中，教师可能出于某些原因比较关注或喜欢某些孩子，并会有意无意地表现出来，这与人情和常理并不违背，但却有悖于教师作为专业人员的职业伦理。面对班级的每一个孩子，教师必须管理好自己的情感，约束自己，努力对每个孩子投入积极情感，为每个孩子提供公平、民主的受教育机会。

幼儿教育是一项艰难的工作，虽然有专业的教师和各项规章制度以及优化的环境，但幼儿在生活和学习中，总会发生难以预料的意外事件。意外事件往往会导致家园关系的冲突和紧张，这就要求管理者很好地协调教师和家长的关系，不偏不倚，恰当处理双方的情绪，争取最大限度地实现双方的和谐合作，实现幼儿园的良好发展。

（案例分析：钱凤）

50. 一件玩具引发的报警

案例

中一班的东东与大智平时是一对好朋友，经常一起玩游戏。这天，他们为了一件玩具吵了起来。争吵之中，东东在大智的脸上抓了一道伤痕，大智也不甘示弱地抓伤了东东。由于幼儿并没有向老师报告这件事，老师完全不知情，直到双方家长来接孩子时才发现各自孩子身上的伤痕，于是两位家长便吵了起来。老师则认为孩子已经交到了家长手中，幼儿又不曾向她报告，故置身事外，并没有进行调查和劝解的疏导工作，导致双方家长越吵越激烈。东东家长甚至恐吓大智家长说："如果我的孩子有什么问题，你的孩子也别想活！"结果，大智家长因为这句话感到既害怕又担心而报了警。

纠纷发生时园长没在园里，第二天早上他获悉此事后，立即先向两位幼儿的负责教师了解事情的来龙去脉，再把两位幼儿叫到办公室来，检查他们的伤势，详细对证事情发生的经过，了解他们在事情发生后的反应。园长发现除了伤痕还没有痊愈外，这件事对两位幼儿的心灵也造成了一定程度的伤害。

于是，园长约双方家长面谈。园长先代表园方向他们道歉，并讲述了事情的来龙去脉，然后分析双方家长的争吵对幼儿产生的负面影响，以及报案如何使事情的严重性迅速升级，让家长意识到这样并不利于解决问题，还会影响到孩子的健康成长。经过沟通，双方家长彼此的敌意少了，关系也渐趋缓和，同时家长也表示觉察到孩子昨日的确寝食难安，失去了原有的天真与活泼，看来孩子的身心的确受到了不良影响。一番斟酌后，家长们都表示愿意销案和解，冰释前嫌。

东东与大智看见双方家长握手言和、重归于好，心中的恐惧与不安顿时消失，脸上又露出灿烂的笑容。这起冲突与纠纷在园长的耐心调解下，终于圆满解决。

（案例编写：史洪）

 思考题

1. 幼儿家长之间的争吵，教师应该干预吗？
2. 应怎样避免类似事情的再次发生？

案例分析

教师作为幼儿园中承担幼儿保育和教育工作的直接负责人，对幼儿在园中的活动负有直接责任。虽然两位家长的争吵发生在幼儿离园后，但是争吵的原因却由于幼儿在园中发生的争执。所以教师必须提升自己的岗位责任意识，在两位家长争吵激化之前把握时机，向他们说明事情的来龙去脉，安抚两位家长的情绪。教师对两位小朋友平日里的友情也很清楚，所以应告诉家长，小朋友之间的争执很快会化干戈为玉帛，希望两位家长理解，不必太在意孩子间的矛盾。

因为家长不是幼儿教育的专家，所以教师还有义务指导和帮助家长了解幼儿的身心成长规律。家庭教育和幼儿园教育的连接点是共同帮助幼儿健康成长。两位家长的争吵以及后续的报案已经影响到两位小朋友的身心健康，所以教师更加有义务干预。孩子间有争执，家长不能一味护着自己的孩子，而要让孩子学会承担行为后果，习得社会适应性。把小事扩大化，甚至报案，导致儿童精神紧张、害怕，不仅影响了幼儿的人际交往，也会影响幼儿习得社会适应性。

总之，不论是出于坚守岗位职责，还是出于让幼儿身心健康成长的教育目的，教师都有责任干预两位家长的争吵。

为了促进幼儿园和家长之间的合作交流，避免上述事件的再次发生，可以成立家长委员会，一旦遇到纠纷情况可以交给委员会处理，使家长之间能够相互理解，还能交流育儿经验。幼儿园遇到一些需要与家长商量的事项，也可以直接找家长委员会进行协商。另外也可以多开展家庭和幼儿园合作的教育活动，增进教师与家长的交流，比如春游、秋游等。还可以开通网上交流渠道，解答家长有关孩子教育方面的疑问，增进互相的了解与信任，这样就能避免一些不必要的误会和争执。

除了开通上述家园交流渠道，幼儿园还应该注重提高园长和教师的素质。园长是幼儿园的管理者，在幼儿园与家庭关系的处理方面，园长的作用不可忽视。而教师是幼儿的直接监护者和教育者，直接面对家长，是家园沟通的桥梁。幼儿园可以定期举办培训，加深园长和教师对幼儿身心发展规律的学习和理解，运用更多灵活的教育方法，配合家庭教育，使儿童健康成长；同时也可以通过定期家访的形式了解儿童的家庭状况，指导和帮助家长解决教育疑问。

家长在家庭与幼儿园的关系方面也扮演了重要角色。

首先，家长必须清楚幼儿园教育不能代替家庭教育，因而要了解幼儿身心发展过程中的特点，学习各种教育问题的解决方式，还要积极主动地与幼儿园的教师交流，共同制定教育策略，为孩子创造良好的成长环境。

其次，遇到各种教育问题，家长要先了解清楚具体的情况再提意见和建议，任何行动的出发点都要以孩子的健康成长为前提。

（案例分析：肖艺芳）

图书在版编目（CIP）数据

幼儿园管理的 50 个典型案例/程凤春主编．—上
海：华东师范大学出版社，2011.7
　ISBN 978 - 7 - 5617 - 8778 - 6

　Ⅰ.①幼… Ⅱ.①程… Ⅲ.①幼儿园—教育管理

Ⅳ.①G617

　中国版本图书馆 CIP 数据核字（2011）第 134746 号

大夏书系·幼儿教育

幼儿园管理的 50 个典型案例

主　　编	程凤春
副 主 编	卫　喆　瞿玥涵
责任编辑	任红瑚
封面设计	开刚品牌设计
责任印制	殷艳红

出版发行	华东师范大学出版社
社　　址	上海市中山北路 3663 号　邮编 200062
网　　址	www. ecnupress. com. cn
电　　话	021 - 60821666　行政传真 021 - 62572105
邮购电话	021 - 62869887
地　　址	上海市中山北路 3663 号华东师范大学校内先锋路口
网　　店	http：//hdsdcbs. tmall. com

印 刷 者	北京季蜂印刷有限公司
开　　本	700×1000　16 开
印　　张	13
字　　数	185 千字
版　　次	2011 年 11 月第一版
印　　次	2022 年 6 月第十三次
书　　号	ISBN 978 - 7 - 5617 - 8778 - 6／G·5201
定　　价	28.00 元

出 版 人　朱杰人

（如发现本版图书有印订质量问题，请寄回本社市场部调换或电话 021 - 62865537 联系）